Alfred Müller

Volkslieder aus dem Erzgebirge

Alfred Müller

Volkslieder aus dem Erzgebirge

ISBN/EAN: 9783337510954

Hergestellt in Europa, USA, Kanada, Australien, Japan

Cover: Foto ©Thomas Meinert / pixelio.de

Weitere Bücher finden Sie auf **www.hansebooks.com**

Volkslieder

aus dem

Erzgebirge.

———

Gesammelt und herausgegeben

von

Dr. Alfred Müller.

Annaberg,
Verlag von Hermann Graser.
1888.

Dem

Erzgebirgsverein

widmet

diese kleine Gabe

Inhalt.

Vorwort.

Zur Einführung dieser kleinen Sammlung dürfte es
erlaubt sein, auf einen Aufsatz in der wissenschaftl.
Beilage der „Leipz. Zeitung" Bezug zu nehmen
(Jahrg. 1882, Nr. 42), der eine solche Arbeit als
im allgemeinen Interesse wünschenswerth hinstellt.
Doch wie sie vorliegt, wird sie sich bescheiden müssen,
ihre Freunde vorzugsweise unter den Bewohnern
des Erzgebirges selbst zu suchen; denn sie ist noch
nicht abgeschlossen genug, um sich mit vollständigeren
und darum allgemeiner interessanten landschaftlichen
Volksliederausgaben auf gleiche Linie stellen zu können,
noch nicht gesichtet genug, um schon jetzt mit
Sicherheit den Werken, die das gesammtdeutsche Volks=
lied behandeln, Material zur Erweiterung und Er=
gänzung zuzuführen. So soll sie in erster Reihe
das Interesse für das heimische Volkslied unter den
Erzgebirgern selbst wecken, d. h. einerseits bei den
Gebildeten der falschen Ansicht entgegentreten, als ob
das Erzgebirge über das landläufige, hauptsächlich
von der Schule aus eingeführte Volkslied hinaus

keine Liederschätze berge, andererseits dem Volke zeigen,
daß seine „altmodischen Lieder", wie es sie selbst zu
nennen pflegt, wohl der Beachtung werth sind und
ein recht stattliches Ganze ausmachen könnten, wenn
es nur gelänge, sie in annähernder Vollständigkeit
zusammenzubringen. Sollte das aber bei einem Zu=
sammenwirken der Gebildeten und des Volkes nicht
leicht möglich sein? Und so ist es eigentlich eine für später
zu erstrebende vollständigere Ausgabe der erzgebirgischen
Volkslieder, die der Herausgeber bei diesem kleineren
Büchlein im Auge hat. Um jene möglich zu machen,
schickt er dieses in die Welt; ja um dieses Zweckes
willen scheut er sich nicht, hier manches Unvollständige
zu bringen, was offenbar der Ergänzung bedarf;
alles der Art möchte er als eine Anfrage an die
Leser betrachtet wissen, ob niemand die nöthige Er=
gänzung zu geben vermöge.

Was vorliegt, ist die Frucht seiner Bemühungen
während zweier Sommercampagnen im Erzgebirge*).
Doch scheint es sehr zweifelhaft, ob es ihm vergönnt
sein wird, in nächster Zeit in gleicher Weise für diese
Aufgabe weiterzuwirken; aber selbst unter dieser Voraus=

---

*) Nur Herrn Oberlehrer Dr. Göpfert in Anna=
berg verdankt er einige Beiträge, die durch die Bestim=
mung „östl. Erzgeb." gekennzeichnet sind.

ſetzung bleibt ein Zuſammengreifen vieler für den gleichen Zweck wünſchenswerth, und ſo wiederholt denn der Herausgeber an dieſer Stelle ſeine ſchon im „Glückauf!" (Jahrg. 1883, S. 11 ff.) ausge= ſprochene Bitte, ihn mit Beiträgen zu einer Ver= mehrung dieſer Sammlung unterſtützen zu wollen. Herr Buchhändler Graſer in Annaberg würde alle derartigen Zuſchriften gewiß gern an die richtige Adreſſe weiterbefördern.*)

Es erübrigt über das gewonnene Material einiges zu ſagen. Natürlich konnte nicht alles in die Sammlung aufgenommen werden, was der Samm= ler im Volksmunde vorfand. Die Grundſätze des anzuwendenden kritiſchen Verfahrens ſind nach dem Vorgange anderer im allgemeinen beibehalten. Obenan ſteht die Frage nach der Uebereinſtimmung eines Liedes einerſeits mit den Sitten und Anſchauungen,

---

*) Wer alſo Kenntniß von Volksliedern hat oder ſolche bei ſeiner Umgebung vorfindet, ſeien es auch nur Bruchſtücke oder Ergänzungen und Berichtigungen der bereits in die Sammlung aufgenommenen Lieder, wird im Intereſſe der guen Sache nachdrücklichſt erſucht, ſie aufzuſchreiben und in irgend einer Form an die Verlags= handlung einzuliefern. Von dieſer gelangen ſie dann an den H rausgeber und durch ihn zu beſter Verwendung, ſoweit ſeine Kräfte reichen.

andererseits mit der Sprech= und Ausdrucksweise des
Volkes. Manches genügte den von dieser Seite ge=
stellten Ansprüchen, mußte aber wieder deshalb aus=
geschlossen werden, weil es als die Schöpfung eines
bestimmten namhaften Verfassers bekannt war. So
begegnen einem allenthalben z. B. Hauff's „Steh ich
in finstrer Mitternacht", Uhland's „Ich hatt' einen
Kameraden". Wissentlich ist dieser Gesichtspunkt nur
ein einziges Mal vernachlässigt worden, bei dem
unter der Ueberschrift „die böse Liebe" angeführten
Liede (S. 106); es sollte wegen seiner derb volks=
mäßigen Fassung und weil es wenig bekannt zu sein
scheint, nicht unterdrückt werden. — Ein drittes
Princip zur Feststellung dessen, was als echt volks=
thümlich anzusehen sei, kann nur der anwenden, der
direkt aus dem Volksmund sammelt, wie es hier
vorwiegend geschehen ist*): Es ist das Princip volks=
thümlicher Verbreitung. Durch diese Betrachtungs=

---

*) Geschriebenen Liederbüchern verdanke ich außer
den beiden Napoleonsliedern (S. 3 f.) fast gar nichts;
doch auch für diese kann ich ein ehemaliges Lebendigsein
im Volksmunde verbürgen: mein Gewährsmann konnte
sie beinah noch auswendig, doch ganz reichte sein Gedächtniß
nicht mehr aus, und so war es ein glücklicher Umstand,
daß er sie früher selbst aufgeschrieben hatte.

weise konnten Lieder, die sonst mit Sicherheit aus der Sammlung ausgeschlossen worden wären, ein ganz anderes Ansehen gewinnen, indem sie nämlich bei Leuten vorgefunden wurden, für die es nach ihrer Lebensweise und ihrem Bildungsgrad überhaupt keine andere Vermittlung gab, als die von Mund zu Mund. Und was so nur mündlich fortgepflanzt wird, ist in einem gewissen Sinne immer volksthümlich. Aus leicht begreiflichen Gründen konnte ja überhaupt bei dieser Sammlung der Begriff des Volksthümlichen nicht in seinem allerstrengsten Sinne genommen werden, nicht in dem Sinn, daß die tiefste Poesie und das echt Volksmäßige fast einunddasselbe bedeuten. Diesen genauesten Maßstab anzulegen, bleibt anderen, anthologisch verfahrenden Werken vorbehalten; eine landschaftliche Volksliederausgabe hat vielmehr den Zweck, möglichst vollständig alles das zu bieten, was in Liedform dem Volkscharakter der Landschaft entspricht, und muß sich begnügen, für jene Blüthenlesen die eine oder andere duftige Blume beisteuern zu können.

Die Form der Lieder ist möglichst unverfälscht festgehalten, so auch das in mancher Nummer erkennbare Schwanken zwischen schriftdeutscher und dialektischer Sprache. Aus Rücksicht darauf, daß diese Sammlung keinen wissenschaftlichen Zweck verfolgt,

sonbern recht eigentlich ein Familienbuch werben möchte,
ist manches unterbrückt, was das Volk unverhohlen
auszusprechen pflegt; auf diese Weise hervorgerufene
Auslassungen sind in der Regel durch Reihen von
Pnnkten gekennzeichnet, so daß das Bild des Verses
bewahrt blieb; an etwa drei Stellen hat der Heraus=
geber in derselben Absicht einen Ausbruck durch einen
anderen ersetzt, was man damit entschuldigen möge,
daß das Volk selbst mitunter so verfährt; nament=
lich wenn man es mit Sängerinnen zu thun hat —
und die trifft man viel häufiger als Sänger —
könnte es vorkommen, daß man so zurechtgemachte
Liebformen für die ursprünglichen nähme.

Das meiste, was die Sammlung bietet, ent=
stammt dem sog. Obererzgebirge; Ortsbezeichnungen
sind deßhalb nur den Nummern beigeschrieben, die
über diesen engeren Kreis hinausweisen.

Die erste Abtheilung enthält die größeren Lieder;
sie sind so in Gruppen geordnet, daß den Vater=
lands= und Kriegesliedern die Liebes- und Abschieds=
lieder, biesen die Balladen, ihnen endlich die Stände=
und Scherzlieder folgen; doch schien es nicht geeignet,
die Gruppen äußerlich von einander abzutrennen.
Diese Lieder zeigen meist die Formen der Schrift=

sprache, nur hie und da klingt die mundartliche Rede=
weise an.

Dagegen herrscht in der zweiten Abtheilung, bei
den Schnaderhüpfeln und Tanzliedchen, der Dialekt*)
vor. Auch diese Liedchen sind durchaus für den Ge=
sang bestimmt (mit Ausnahme der im Anhang ge=
gebenen Heirathsorakel), doch so, daß nicht, wie es
bei den selbstständigen Liedern die Regel ist, jedes
seine eigene Melodie hat, sondern sie schließen sich
alle an einige im Versmaß typische Formen an. Die
Schnaderhüpfeln oder Tschumperliedeln (das erzge=
birgische Volk kennt nur diesen letzteren Ausdruck)
sind am meisten dem Aussterben nahe.

Die Kinderlieder und Kinderspiele bilden die
dritte Abtheilung. Sie haften im Gegensatz zu jenen
noch am festesten im Volksbewußtsein; dies hat seinen
Grund wohl darin, daß diese einfachen naiven Töne
für die Kinderwelt bis jetzt vollständig unentbehrlich
sind. Demgemäß ist diese Gattung auch noch sehr
im Fluß begriffen; was vor dreißig und vierzig
Jahren im Gebrauch war, ist den Kindern von heute
zum Theil ganz fremd, Neubildungen trifft man auf
Schritt und Tritt; doch sind daneben auch Sachen

*) Vgl. S. XVIII.

von ehrwürdigem Alter noch lebendig. In dieser Abtheilung ist Gesprochenes und Gesungenes neben einander gestellt, vieles wird nach einer zwischen Singen und Sprechen die Mitte haltenden Art recitirt. — Zum Verständniß der im Anhang gegebenen Zähl= reime der Klöpplerinnen kann man jetzt einen Aufsatz im „Daheim" nachlesen (Jahrg. 1883, Nr. 9, Beiblatt „aus der Zeit, für die Zeit").

Schließlich hat der Herausgeber noch die Pflicht zu erfüllen, denjenigen, die dem Werkchen ein förder= liches Interesse bewiesen haben, an dieser Stelle seinen Dank auszusprechen; es sind die schon genannten Herren Buchhändler Graser und Dr. Göpfert und Herr Seminaroberlehrer Dr. Voigt in Annaberg. Für seine eigne Arbeit ist er reichlich belohnt durch die Freude, die ihm das Sammeln selbst gewährt hat, und es ist sein Wunsch, daß diese kleine Gabe den Lesern wenigstens einen Theil des Vergnügens bereiten möge, das der Sammler an ihr hatte.

Nachtrag.

Auf meinen Aufruf im „Glückauf!" ging mir von Herrn Realschuloberlehrer Claus in Schneeberg folgendes Tschumperliedel zu, daß zu den Perlen der Gattung gehört:

(Ach) wenn 'r neer käm',
Doß er miech nähm',
Doß ich doch endlich
Bun Klipp'lsack käm'!

Nu is 'r gekumme
Un hot miech genumme,
Nu bie ich noch särrner (mehr)
Zun Klipp'lsack kumme. —

Zum Dialekt.

Der Dialekt ist überall möglichst in der Form wiebergegeben, wie er dem Sammler im einzelnen über= liefert wurde; doch stammt das Dialektische der Sammlung hauptsächlich aus dem Gebiet zwischen Annaberg und Schwarzenberg, Elterlein und Crotten= dorf, so daß allerdings meist die dem Herausgeber geläufige Mundart dieser Gegend zu Grunde liegt.

Die Darstellung der mundartlichen Formen ist aus Rücksicht auf die Bequemlichkeit der Leser nur annähernd gegeben; dabei sind alle Zeichen möglichst ebenso verwendet wie in der Schriftsprache. Erforder= lich war nur ein besonderes Zeichen

å für den eigenthümlichen Mittellaut zwischen a und ä. Er vertritt e (Wålt = Welt, gåbn == geben), ä (Schåtz'l = Schätzel), ei (Bå = Bein), au (å = auch, Frå = Frau).

Dem schriftdeutschen a entspricht meist ein dumpferer Laut, der zwischen a und o schwankt;

demgemäß ist bald **a**, bald **o** geschrieben, dieses mit einer Neigung nach **a** hin, jenes mit einer Neigung nach **o** hin zu sprechen. Derselbe Laut tritt da ein, wo nach schriftb. **a** ein **n** ausgefallen ist, z. B. **a** = an; solches **a** ist immer lang.

· bezeichnet den Ausfall eines Vocals mit Bewahrung der Silbe (zum Unterschied von '); Worte wie **ob·r, auß·n, Mäd·l** sind also zweisilbig zu lesen.

Länge und Kürze der Vocale sind durch die sonst üblichen Mittel (Verdoppelung, Vereinfachung des folgenden Consonanten, Doppelvocal, **ie**, Dehnungs-**h**) angedeutet; in **tech wäss net** (ich weiß nicht) z. B. hat **tech** abweichend Vocallänge, **wäss** Vocalkürze.

Wo **h** erweicht ist, wird es durch **w** gegeben.

m aus —**ben** entstanden ist der Deutlichkeit wegen in der Form **bn** dargestellt (also **grabn** = graben, aber **gram** zu sprechen).

g bleibt im Anlaut und vor **l** unerweicht, also **gen·r** = jener, **b·läg·ln** = verläugnen; sonst ist es erweicht wie im Sächsischen überhaupt, z. B. in **gelegt**.

ng ist zur Bezeichnung des gutturalen Nasals auch da verwendet worden, wo er abweichend von der Schriftsprache für —**gen**, —**chen** eintritt (saung

XX

— ſaugen, **ſchrådling** — ſchrecklichen, auch **ieng** — ich ihn); ſeine Verhärtung im Auslaut iſt durch ng(k) wiedergegeben, ſo lang(k) — lange.

Die harten Laute p und t ſind erweicht (= b und d); doch iſt die Schreibung der Schriftſprache beibehalten, um die Worte nicht zu ſehr zu verdunkeln.

Lieder und Balladen.

Weiß und grün.

Zwei Farben hat mein Vaterland,
Die sind uns allen wohlbekannt:
Es sind die Farben weiß und grün,
Wofür stets Sachsens Krieger ziehn.

Auf meinem Tschako steht ein Stern,
Den kennt man schon aus weiter Fern':
Es ist die Rose weiß und grün,
Wofür stets Sachsens Krieger ziehn.

Stehn wir im Felde Mann für Mann,
Die Fahne schwebt uns stets voran:
Es ist die Fahne weiß und grün,
Wofür stets Sachsens Krieger ziehn.

1

Und sollt' ich einst gestorben sein —
Ein grünes Grab, ein weißer Stein:
Im Tode noch das Weiß und Grün,
Wofür stets Sachsens Krieger ziehn.

—

Sachsenlied.

Das schönste Land auf Deutschlands Aun
Ist wohl mein Sachsenland;
Wie herrlich ist es anzuschaun
Beschirmt von Gottes Hand!
    Drum lieb' ich dich, mein Sachsenland,
    Du edle Perl' im deutschen Kranz;
    Glückauf! Glückauf! Glückauf mein Sachsenland!

In Freiberg wächst das Silber,
In Meißen wächst der Wein,
Im Gebirg giebt's schöne Mädchen —
Ein Sachse möcht ich sein.
    Drum lieb' ich u. s. w.

Der Bürger und der Bauersmann,
Sie ehren den Soldat,
Sie schaun einander freundlich an
Und reichen sich die Hand.
    Drum lieb' ich u. s. w.

Napoleon, wohin?

Wohin, Napoleon, wohin, wohin,
Daß du so eilen thust? Was führst du im Sinn?
Du willst die Welt beschaun;
Dir ist nicht viel zu traun.
Reis' nur nicht gar zu weit
Und sei gescheidt!

Was sagst du, guter Baier, was sagst du mir?
Ich find in deinem Land auch gut Quartier.
Meinen Adler kennst du schon;
Wer wird sich wagen dran?
Wer mir meinen Adler raubt,
Den greif' ich an.

Französischer Adler, jetzt fliegst du am Rhein;
Wir kommen auch dahin, bis Holland hinein,
Dort schlagen wir Quartier;
Vielleicht begegnet mir
Joseph Maximilian,
Den greif' ich an.

Adler, jetzt greif' ich an; zeig' deinen Muth!
Stehst du nicht allzufest, geht dir 's nicht gut.

1*

Durch dein Scharfrichterschwert
Hast du dich selbst entehrt;
Fängst kaum zu kämpfen an,
Eilst schon davon.

Du bairischer Löwe, du kennest mein Haus;
Du raubst meinem Adler die Schwanzfedern aus.
Das hätt' ich nicht gedacht,
Daß eine so große Macht
Gleich bei der ersten Schlacht
Davongejagt.

Napoleons Abschied.

O Frankreich, lebe immer wohl,
Ich muß von dir jetzt scheiden;
Mein Herz ist schwer und kummervoll —
Ich soll dich ewig meiden.
Ich muß jetzt nach Helena gehn,
Ihr werdet mich auch nicht mehr sehn,
Ich komm' diesmal nicht mehr zurück,
Adieu! ich wünsch' euch vieles Glück.

So lebe wohl, Italien!
Bist lang' mein Freund gewesen;
Du bleibest ja in deinem Land,
Wo man dich auserlesen.

Jetzt scheiden die Franzosen,
Sie schmeichelten . . . .
Du setzest dich in deine Ruh;
Ich wünsche dir viel Glück dazu.

Und du, mein Schatz, so lebe wohl!
Du liegst mir stets am Herzen:
Der edle Nam' Louisensohn,
Der soll mich ewig schmerzen!
Ich muß von dir jetzt scheiden
Und soll dich ewig meiden;
Verzeih' mir daher alsobann,
Was ich dir hab' zu Leid gethan!

Und du, mein lieber guter Sohn,
Auch dich muß ich verlassen;
Verloren sei wie auch der Thron,
Den ich muß hinterlassen!
Laß nur das Unglück lachen,
Gott weiß es wohl zu machen,
Und denke einst als braver Mann,
Dein Vater, der war schuld daran.

So lebe wohl, o Kaiser Franz!
Soll ich dich Vater nennen,
So du mich ja verlassen kannst,
Für keinen Sohn erkennen?

Auch hilf jetzt nun mir Armen.
Und hab' mit mir Erbarmen!
Ich bitte, denk' nicht mehr daran,
Was ich dir hab' zu leid gethan.

So lebe wohl, o Sachsenland!
Gesegnet bleibe immer!
Dem König küß' ich seine Hand,
Er dauert mich auf immer,
Weil ich von ihm jetzt scheiden muß
Und komm' nicht mehr auf freien Fuß.
Drum brave Sachsen, lebet wohl,
Gott der euch ewig schützen soll!

———

In Böhmen.

In Böhmen liegt ein Städtchen,
Das kennt fast jedermann;
Die allerschönsten Mädchen
Trifft man darinnen an.

Und jeder von den Jägern
Möcht' so ein Mädchen frein,
Und jedes von den Mädchen
Möcht' so einen Jäger frein.

Sie holten sich den Segen
Im väterlichen Haus,
Nachdem sie treu gedienet,
Und ihre Zeit war aus.

Im Jahre sechsundsechzig
Da ging der Jammer los,
Da jammerten die Mädchen,
Da weinte klein und groß.

Zum Abmarsch ward geblasen,
Hinaus znm blut'gen Krieg,
Zu streiten für den Kaiser,
Zu kämpfen für den Sieg.

Noch zwei Hornisten brunter,
Die blasen hell und laut;
Da freut sich jede Mutter,
Da freut sich jede Braut.

Bei Grab zu Montobelle (?)
Grub man ein tiefes Grab,
Da senkte man so viele
Der Tapfern all hinab.

Noch zwei Hornisten brunter,
Sie blasen den tiefen Trauerton:
Hier, Mädchen, starb dein Liebster,
Hier, Mutter, ruht dein Sohn.

Noch sieben sind am Leben,
Die kehren jetzt zurück
In die verlass'ne Heimath
Mit jammervollem Blick.

———

Für's Vaterland.

Droben auf den Bergen
Da stehn so viel Kanonen,
Da giebt's auch kein Verschonen, :,:
Der Tod ist unser Lohn.

Ach Mädchen, liebes Mädchen,
Weine nicht, weine nicht so sehr;
So nimm von meinen rothen Lippen :,:
Den letzten Abschiedskuß.

Ach Frankreich, liebes Frankreich,
Das hätt' ich nicht gedacht:
Du bautest ja so feste :,:
Auf deine große Macht.

Ach Eltern, liebe Eltern,
Gedenkt an euren Sohn;
Er liegt auf Frankreichs Feldern, :,:
Die Erd' bedeckt ihn schon.

Und die wir sind am Leben,
Was haben wir davon?
Wir haben uns gestritten :,:
Für Deutschlands Ehr' und Ruhm.

—

Die schwarzen Teufel.

Frühmorgens beim ersten Sonnenstrahl
Ziehn wir aus der Kaserne;
Trompetenklang und Hörnerschall
Ertönt aus weiter Ferne.
Gar lustig sang die Schützenschaar
Ein deutsches Lied nach deutscher Art
Auf ihrem Uebungsmarsche.

Es fehlet unserm Regiment
Auch nichts am alten Ruhme
Bei Billiers, es ist bekannt,
Fiel Laub und frische Blume;
Bei Sedan schallt es in der Schlacht,
Der Feind, der rief: Jetzt gebet acht,
Das sind die schwarzen Teufeln.

Was knattert denn der Chassepot
So nah an unserm Lager?
Drauf ging auch gleich der Teufel los,
Und dann gab es kein Spaßen;

Die Schwarzen waren stets zur Hand,
Und drauf ging's gleich für's Vaterland
Mit lautem Hurrahrufen.

Nun denket stets an eure Pflicht
Als unsre Landesstütze,
Daß keinem es an Muth gebricht,
Wenn's gilt, das Vaterland zu schützen,
Daß uns stets achtet jung und alt
Und oftmals uns entgegenhallt:
Ein Donnerhoch den Schützen!

Gebet um Frieden.

O du Deutschland, ich muß marschiren,
O du Deutschland,*) ich muß fort;
Eine Zeit lang muß ich meiden
Mein getreues Vaterland.
Nun ade, herzliebster Vater, lebet wohl,
Nun ade, herzliebste Mutter, lebet wohl!

Große Kugeln hört man sausen,
Aber kleine noch viel mehr;
Ach so bitt' ich Gott im Himmel,
Wenn doch einmal Frieden wär'!

---

*) Der Anfang wie in E. M. Arndt's bekanntem Liede.

Soldatenloos.

Frisch auf, Kameraden! Wann kriegen wir das Geld?
Wir müssen marschiren dem Feind entgegen;
Wir müssen marschiren, wir müssen weiter fort.

Es wird keine Betstund mehr angestellt,
Es betet ein jeder, was ihm gefällt,
Es betet ein jeder nach seiner Art,
Es betet ein jeder, wie er's gelernet hat.

Wo sind unsre obern und Unteroffizier',
Die uns so fröhlich zusammenkommandirn?
Es kommandirt ein jeder nach seiner Art,
Es kommandirt ein jeder, wie er's gelernet hat.

Es wird keine Betstund mehr angestellt,
Es betet ein jeder, was ihm gefällt,
Es betet ein jeder nach seiner Art,
Es betet ein jeder, wie er's gelernet hat.

Und als die Bataille vorangegangen war
Das Schlachtfeld mit Blut überschwemmet war,
Sprach einer zu dem andern aus Jammers Noth:
Wo ist mein Freund und Kamerad? Erschossen, er
ist todt.

Und als die Bataille vorüber war,
Das Schlachtfeld mit Blut überschwemmet war;
So mancher Küraßreiter mußt' runter von sei(ne)m
Pferd,
So mancher tapfere Infanterist mußt' küssen die Erd.

Und wenn es Frieden heißt, wo wenden wir uns hin?
Gesundheit ist verloren, die Kräfte sind dahin.
Alsdann wird es wohl heißen, wie Vogel ohne Nest:
Mein Bruder, nimm den Bettelstab! Soldat bist du
gewest.

Soldatentod.

Frisch auf, Soldatenblut!
Denn wir haben frohen Muth.

Laßt euch nur nicht erschießen,*)
Wenn gleich Kanonen blitzen.

Stellt euch nur tapfer ein,
Gott wird euer Schützer sein.

Die Trommel rühret sich,
Und wir streiten fürchterlich.

*) Richtiger (z. B. in Schwaben) erschüttern.

Die Tochter sprach zur Mutter:
Ach Gott, wo ist mein Bruder?

Wo ist mein Kamerad?
Sprach so mancher tapfere Soldat.

Hier liegt er hingestreckt
Und mit Moos ist er bedeckt.

Er faltet seine Hände
Und denkt schon an sein Ende.

Er ruft noch eine gute Nacht,
Und sein Werk ist nun vollbracht.

— — —

Der Deserteur.

Über Berg und über Thal,
Stein und Fels giebt's überall.
Als ich in die Stadt 'neinkam,
Hielten mich die Reiter an.

Sie führten mich zum Hauptmann hin
Und frugen, ob ich Urlauber bin.
Sie führten mich dann in's Arrest,
Da mußt' ich sitzen hart und fest.

Meine Herren insgemein,
Thut mir meine Bitt' gewähren!
Eure Bitte, bie soll sein?
Meine Herrn, ich möcht noch nicht sterben.

Eure Bitt' können wir nicht gewähren,
Ihr müßt auf dem Schaffot sterben.
Habt ihr eine Liebste hier,
So nehmt Abschied von ihr.

Als ich zu der Liebsten kam,
Fing sie gleich zu weinen an.
Ach Geliebte, weine nicht mehr!
Du machst mir mei(ne)n Abschied schwer.

Sollt ich einst gestorben sein —
Ein Grab von Marmorstein,
Ein Kreuz von Elfenbein!
Gute Nacht, nun schlaf ich ein.

———

Nach Frankreich.

Soldaten, das sind lust'ge Brüder,
Haben frohen Muth;
Denn wir singen frohe Lieder,
Sind den Mädchen gut.

Spiegelblank sind unsre Waffen,
Schwarz das Lederzeug;
Wenn wir bei den Mädchen weilen,
Sind wir königreich.

Geld im Beutel, Muth im Herzen
Und ein gut Glas Wein —
Das kann uns die Zeit verscherzen,
Läßt uns froh und lustig sein.

Kronprinz Albert steigt zu Pferde,
Zieht mit uns in's Feld;
Siegreich wollen wir Frankreich schlagen,
Sterben als ein tapfrer Held.

Unsre Arme sind von Eisen,
Unser Herz von Stahl:
Kommt wir wollen's Preußen zeigen,
Was wir Sachsen sind!

———

Soldaten-Frohsinn.

Kein bess'res Leben ist
Auf dieser Welt zu denken,
Als wenn man ißt und trinkt
Und läßt sich gar nichts kränken —

Wie ein Soldat im Feld
Seinem König dienet treu:
Hat er gleich nicht viel Geld,
Hat er doch Ehr' dabei.

Sein Häuslein ist sehr klein,
Von Leinwand ausgeschnitten;
Im Bett schläft er allein,
Mit Stroh ist's überschüttet,
Der Rock ist seine Deck',
Worunter er schläft ein,
Bis ihn der Tambour weckt —
Dann muß er munter sein.

Wenn's heißt: Der Feind rückt an,
Und die Kanonen blitzen —
Dann freut sich jedermann,
Zu Pferd muß alles sitzen.
Man rückt in's weite Feld
Und schlägt sich tapfer durch;
Der Feind kriegt Schläg' für's Geld,
Wer's Glück hat, kommt davon.

Bekomm' ich einen Schuß,
Aus meinem Glied ich sink';
Hab weder Weib noch Kind,
Die sich um mich was kränken —

Sterb' ich auf frischer That,
Sterben ist mein Gewinn;
Sterb' ich auf freiem Feld,
Vorm Feind gestorben bin.

Wenn ich gestorben bin,
So legt man mich in's Grab
Mit Trommeln und mit Spiel,
Wie's die Soldaten haben;
Drei Salven giebt man mir
In's kühle Grab hinein:
Das heißt Soldatenmanier —
Lass' andre lustig sein.

———

Jägercorps.

Kennt ihr nicht die schwarzen Uniformen?
Kennt ihr nicht das schwarze Jägercorps,
Dessen Ruf erschallt durch alle Lande?
Denn er ging aus blut'ger Schlacht hervor.
    Drum schenkt die Gläser ein, hurrah!
    Schwarze Jäger wollen wir sein, hurrah!

Auch im Frieden sind wir schmucke Leute,
Mädchenaugen schauen auf uns gern;

Mädchen herzen — das ist uns're Freude,
Und die Lieb' ist unser schönster Stern.
    Drum schenkt u. s. w.

Ganz Europa wundert sich nicht wenig,
Daß ein neues Reich entstanden ist:
Wer am meisten saufen kann, ist König,
Bischof, wer die meisten Mädchen küßt.*)
    Drum schenkt u. s. w.

Abschied.

Lebt wohl, lebt wohl, Eltern, Brüder, Schwestern!
Wir müssen marschiren fort in's fremde Feindesland;
Wir müssen marschiren dem Feind entgegen,
Wir müssen marschiren, wir müssen weiter fort.

Dort auf dem Schlachtfeld, wo unser Blut einst rinnt,
Dort ist für uns das kühle Grab bestimmt;
Lebt wohl, lebt wohl, ihr theuerste Geliebte!
Komm, reiche mir zum letzten Mal die Hand,
Komm, reiche mir zum Abschied einen Kuß,
Weil ich, Feinsliebchen, nun von dir scheiden muß.

----

*) Dieser Vers ist aus einem bekannten Studentenlied entlehnt („Bier-Königreich" von Wollheim.)

Kanonenkugeln sausen durch die Lüfte,
Die Bajonette sind schon aufgesteckt,
Die Fahne flattert hoch empor in Lüften,
Bis uns ein kühler Morgen wieder weht.
Und siegen wir, so rufen wir: Hurrah!
Dann stehen, dann stehen wir als tapfre Sieger da.

———

Der Schweizer.*)

Bei Rheinsberg an der Schanz,
Ei da fing sich mein erstes Unglück an;
Da wollt' ich von den Sachsen desertiren,
Wollt' mich bei den Dänen einquartieren —
    Ei das ging nicht an.

Zwölf Uhr um Mitternacht,
Ei da hat man mich gefangen eingebracht;
Man stellte mich wohl vor des Hauptmanns Haus,
Hilf, o Himmel! Was soll werden mir daraus?
    Ei mit mir wird's aus.

Des Morgens früh halb vier,
Ei da stellt man mich dem Regiment schon für:

———

*) Diese Überschrift hat das Lied in der etwas abweichenden Fassung des „Wunderhorns" bekommen (Zu Straßburg auf der Schanz —).

Verschonet mir mein junges Leben nicht,
Schießt drauf los, daß das rothe Blut draus spritzt —
    Ei verschont mich nicht!

Wenn ich gestorben bin,
Ei so legt man mich auf grüne Rasen hin,
Macht mir ein Grab von Marmorstein,
Macht mir ein Sarg von Elfenbein;
    Ei da ruht sich's fein.

    Eine ältere Form dieses Liedes (aus einem alten ge=
schriebenen Liederbuch) lautet:

Zu Straßburg an dem Rhein,
Da fängt sich schon mein Unglück an;
Ich wollte den Franzosen desertirn
Und wollte mein Glück noch weiter probirn —
    Das ging nicht an.

Gestern bei der Mitternacht,
Da haben sie mich gefangen gebracht;
Sie führten mich vor's Hauptmanns Haus,
Hilf, o Himmel! Was soll werden mir daraus?
    Mit mir ist es aus.

Des Morgens in der Früh,
Da stellten sie mich dem Regimente für;

Da sollt' ich bitten um Pardon;
Aber dann bekomm' ich meinen Lohn,
   Das weiß ich schon.

Ihr Brüder allzugleich,
Ich bitte euch, erschießet mich gleich,
Verschont mein junges Leben nicht,
Schießt, bis das rothe Blut raus spritzt!
   Das bitt' ich euch.

Ihr Brüder allzumal,
Heute seht ihr mich zum allerletzten Mal;
Unser Herr General ist ein böser Mann,
Der ist an meinem Unglück schuldig daran,
   Den klag' ich an.

O du Himmelskönigin,
Nimm meine arme Seele dahin
Und führe sie zum Himmel hinein,
Zu dem herzallerliebsten Vater dein;
   Vergiß nicht mein!

—

Auf dem Schlachtfeld.

Kamerad, ich bin geschossen,
Eine Kugel, die hat mich getroffen;

Schafft mich in ein Quartier,
Daß ich nicht verblute hier.

Kamerad, wir können dir nicht helfen,
Denn es helfe dir der liebe Gott schon selber,
Denn es helfe dir der liebe Gott;
Morgen früh marschiren wir fort.

Morgen früh um die sechste Stunde,
Da marschiren wir zum schönen Thor hinaus.
Kamerad, ich muß verbluten,
Und du Bösewicht machst dir nichts daraus.

Wenn es meine Mutter wüßte,
Daß ich auf dem Schlachtfeld lieg',
O sie würde mich gewiß noch einmal küssen,
Und mein holdes Liebchen käm zu mir —

Meine Mutter, die mich mit Schmerzen hat geboren,
Und ich weiß gewiß, sie liebt mich recht sehr —
Auf das Schlachtfeld sind wir gezogen,
Und wir sehn uns nimmermehr.

— — —

Die letzte Bitte.

Berlin ist eine wunderschöne Stadt;
Darin liegt ein Soldat:

Denn du bist Soldat und mußt marschirn,
Wo die Soldaten stehn.

Und als er in die große Stadt neinkam
Wohl vor des Hauptmanns Haus.
Der General der guckte zum Fenster heraus:
Mein Sohn, bist du schon da?

Mein Sohn, geh zu deinem Feldwebel hin,
Zieh an deinen blauen Rock;
Denn du bist Soldat und mußt marschirn,
Wo die Kanonen stehn.

Und als er auf des Krieges Schauplatz kam,
Bekam er einen Schuß;
Und da liegt er da und weint so sehr
Um seine liebe Braut.

Mein Freund, du allerliebster Kamerad,
Schreib mir noch einen Brief,
Schreib mir einen Brief an meine Braut,
Daß ich geschossen bin.

Kaum hat er dieses Wörtlein ausgesagt,
Bekam er noch einen Schuß.
Sieh, da liegt er da und ist nun todt,
Die Seele eilt zu Gott.

Andreas Förster.

Bei Sedan auf den Höhen
Nach heißer blut'ger Schlacht
In später Abendstunde
Ein Schütz noch auf der Wacht.

Er schlich sich hin und wieder,
Beschaut' sich die blut'ge Schaar.
Die gestern früh am Morgen
Noch frisch und rüstig war.

Er gedacht' an seine Brüder,
Er gedacht' an's Liebchen daheim,
Die fern im Sachsenlande
Sich ihrer Heimath freun.

Was klappert dort im Busche,
Im stillen Morgenroth?
O heil'ge Mutter Gottes,
Gieb mir einen sanften Tod!

Der Schütz er schlich sich näher —
Es war ein Reitersmann
Mit tiefer, blut'ger Wunde
Im Busche bei Sedan.

Gieb Wasser, deutscher Kamerad;
Die Kugel traf mich ja zu gut,
Hier an dem Wiesenrande
Da floß zuerst mein Blut.

Gewähre mir die Bitte
Und grüß mir Weib und Kind!
Ich heiß' Andreas Förster
Und bin aus Saargemünd.

Ich hab' noch Weib und Kinder
Daheim beim trauten Herd;
Die harren ihres Vaters,
Der niemals wiederkehrt.

Scharr' mich am Wiesenrande
Dort ein beim Morgenroth —
Er sprach's und schloß sein Auge,
Der Reitersmann war todt.

Am hellen frühen Morgen
Grub ihm der Schütz das Grab,
Legt' viele Wiesenblumen
Und Zweige in sein Grab.

Ein Kreuz wohl aus zwei Zweigen
Brach ihm der holde Wind (?):
Hier ruht Andreas Förster,
Er war aus Saargemünd.

———

Der letzte Schuß.

Kaum war die Schlacht bei Sedan dort vorüber,
Sah man des Nachts bei hellem Mondenschein
Verwundete, die trug man dort vorüber,
Und sterben sah man sie bei lichterm Stern.

Und als man trug die Leichen so zusammen,
Bewegte sich ein junger Kriegersmann;
Er rief um Hilf', ein Arzt kam schnell gegangen,
Man brachte ihn an einen sichern Ort.

Mit frischem Wasser wusch man seine Wunden,
Da that er seine müden Augen auf,
Und als man ihn sogleich auch hat verbunden,
Rief er mit matter Stimme dann darauf:

Ich dank' dir, Freund, für deine Lieb' und Wartung,
Seht her! mit mir ist es nun jetzt vorbei,
Mich ruft der Tod, da hilft kein Widerstreben;
So lang' ich lebt', war ich meinem König treu.

Ihr lieben Freunde, ich möcht' auch nochmals grüßen
Bringt meiner Mutter zu Hauf' den letzten Gruß;
Sagt ihr, ich sterb', dieweil es jetzt ist Frieden,
Mich traf bei Sedan doch noch der letzte Schuß.

Die Stunde schlägt.

Lebt wohl, lebt wohl! Wir müssen Abschied nehmen,
Die Kugel ist in's Flintenrohr gesteckt,
Und unser allerschönstes junges Leben
Im Krieg und auf dem Schlachtfeld hingestellt.

Lebt wohl, lebt wohl, ihr Eltern, Schwestern, Brüder,
Lebt wohl, lebt wohl! Wir müssen wieder fort;
Die Trommel ruft, wir müssen Abschied nehmen;
Lebt wohl, lebt wohl! wir müssen wieder fort.

Leb' wohl, leb' wohl, du theuerste Geliebte!
Der Abschied ist mir schwerer als der Tod.
Noch einen Kuß von dir, o Heißgeliebte —
Soll mich erinnern an jenes Morgenroth.

Wisch' deine Thränen deinen Aeuglein ab;
Ein Wiedersehn erwarten wir ja dort.
Die Stunde schlägt, wir müssen Abschied nehmen;
Wer weiß, wie schnell die Kugel uns durchbohrt?

Kanonenkugeln sausen durch die Lüfte,
Die Bajonette sind schon aufgesteckt,
Die Fahne flattert hoch empor im Winde,
Bis uns ein neuer Morgen wieder weckt.

Drum, Brüder, faßt euch einen frischen Muth:
Für's Vaterland vergießen wir das Blut,
Und siegen wir, so rufen wir hurrah,
Dann stehen wir als tapfre Sachsen da.

—

Kamerad, komm.

Ich bin ein Soldat und ich zieh' in das Feld,
Es jubelt und jauchzet und mein ist die Welt,
Es flattert im Winde das schneeweiße Band,
Das jüngst mein Feinsliebchen um den Hut mir wand.
Ja nun aus ist das Spiel und ein anderes Ziel,
Aus ist das Spiel und ein anderes Ziel.
       Biderumbumbumbumbum.
Horch, es ruft die Trommel schon: Kamerad, komm!
Ich bin ein Soldat und muß davon.

Feinsliebchen, schau her, wie die Waffen mir stehn!
Bald werd' ich gar lustig den Schnurrbart mir drehn.
Ich klirre mit dem Säbel, es schallet weit umher,
Es blitzet in der Ferne das blanke Gewehr;
Es wird exercirt und gar lustig maschirt,
Exercirt und gar lustig marschirt.
       Biderumbumbumbumbum.
Horch es ruft die Trommel 2c.

Und steh' ich da draußen und fechte wie ein Held,
Und stolz wie ein Sieger behaupt' ich das Feld;
Steh' ich da draußen in großer Noth,
Weint sich mein Liebchen die Aeuglein so roth:
Da draußen in der Ferne das herrliche Blut,
In der Ferne das herrliche Blut!
        Viedrumbumbumbumbnm.
Horch es ruft die Trommel ꝛc.

Auf Posten.

Ach schönster Schatz, erlaube mir
Eine halbe Viertelstunde,
Deinen Rosenmund zu küssen,
Eh' die Nachtpatrouille kommt.

Deinen Rosenmund zu küssen,
Das kann bald geschehen;
Aber, schönster Schatz, du mußt es wissen,
Daß wir hier nicht sicher stehen.

Schau, was kommt so fern dort her?
Komm', ein wenig hinzuschauen!
Scheint, als ob's Patrouille wär'.

Guten Abend, ihr Kameraden,
Ich hoff', daß ihr mich kennt;
Und ihr werdet mich doch nicht arretiren,
Denn die Lieb' hat mich verblendt.

Nun adje, mein liebes Schätzele,
Nun adje, so lebe wohl!
Denn ich kann nicht länger bei dir bleiben,
Ich muß folgen der Patrouille.

Mein Vater war ein Ritter,
Meine Mutter liebte mich;
Ich war so jung, so jung, so zärtlich,
Alle Burschen küßten mich.

Wenn's jedem Liebling so ergeht,
So hört das Lieben auf,
Keiner darf zum Mädchen gehen,
Jeder bleibet nur zu Haus'.

———

Beim Regiment.

Mein Vaterland, mein Sachsenland —
Meine Mutter hab' ich nicht gekannt,
Mein Vater starb auf breitem Feld:
Ich steh' allein in dieser Welt.

Marie, Marie, so heißt mein Nam',
Den ich beim Regiment bekam.
Mein ganzes Leben lasse ich
Für's Regiment und selbst für mich (?).

Kein(en) Offizier, den mag ich nicht,
Weil er den Mädchen viel verspricht;
Ein Grenadier, der muß es sein,
Dem schenk' ich nur mein Herz allein.

———

Der Reservemann.

Es blinkt uns freundlich, in der Ferne
Das liebe, theure Vaterhaus.
Wir waren Soldat und waren es gerne,
Doch jetzt ist unsre Dienstzeit aus;
Drum, Brüder, stoßt die Gläser an:
Es lebe der Reservemann,
Der treu gedient hat seine Zeit —
Ihm sei ein volles Glas geweiht!

Den ersten Posten, den wir stehen,
Stehn wir vor unfres Liebchens Thür;
Da haben wir auf nichts zu sehen,
Und keine Runde stört uns mehr.

Da ruft die alte Mutter 'rein:
Wo mag denn unfre Lina fein?
Die alte Schraube, wenn fie's wüßt':
Sie herzt und küßt ein Refervift.

Und die Patrouillen, die wir machen,
Die machen wir in's Wirthshaus 'nein;
Da sprechen sie von Kriegessachen,
Der Refervift spricht auch mit drein.
Drum, Brüder, stoßt die Gläser an:
Es lebe der Refervemann,
Der treu gedient hat feine Zeit —
Ihm sei ein volles Glas geweiht!

Des Morgens.

Des Morgens, wenn die Hähne kähn,
Da müffen wir Soldaten früh aufftehn,
Die Trommel schlägt bum bum bum.
Schönfter Schatz, o lebe wohl!

Und hab' ich sie am Fenfter gefunden,
So hat sie mir ein Kränzchen gewunden.
Von Veilchen und von Immergrün. Bum bum bum.
Schönfter Schatz, o lebe wohl!

Und hat die Trommel geschlagen,
So muß ich doch mein Liebchen erst fragen,
Ob sie mich nicht vergessen thut.

> Viderum bum bum bum.

Schönster Schatz, o lebe wohl!

————

Mädchen, traue nicht!

Mädchen, traue nicht,
Traue keinem Soldaten nicht!
O Mädchen, traue nicht!
Denn er sucht dich zu verführen,
Deine Ehr' sollst Du verlieren;
Glaub' es sicherlich!

Wo ist denn der Soldat,
Der mich verführet hat?
Der ist schon längst ausmarschirt,
In ein andres Städtchen einquartiert,
Der ist nicht mehr hier.

Zuletzt noch einen Kuß,
Weil ich abscheiden muß!
Wenn der Tambour schlägt Reveille,
Und der Signaliste bläßt so helle (?) —
Nun adje, mein Schatz!

————

2

Heimkehr.

Es kehrt ein Soldat vom Kriege heim, hurrah!
Hat fünfundzwanzig Jahr' gedient. Hurrah!
Er kehrt in's nächste Wirthshaus ein. Hurrah!
Frau Wirthin, haben Sie Bier und Wein! Hurrah!

Soldat, haben Sie auch Geld dafür? hurrah!
Frau Wirthin, kein Geld, das hab ich nicht, hurrah!
Ich habe einen Mantel bei mir, hurrah!
Damit bezahl' ich ihr das Bier. Hurrah!

Soldat nun an zu essen fing, hurrah!
Frau Wirthin an zu weinen fing. Hurrah!
Frau Wirthin, Sie weinen wohl um das Bier?
                              Hurrah!
Sie glauben, Sie kriegen kein Geld dafür? hurrrah!

Nein, um das Bier da wein' ich nicht. Hurrah!
Ich hatt' einen Mann, der mich verließ; hurrah!
Ich glaubte, Sie seien es ganz gewiß. Hurrah!

Frau Wirthin, wem sind die Kinder hier? hurrah!
Einen einz'gen Sohn hinterließ ich ihr, hurrah!
Und wie ich seh', so sind's ihrer vier. Hurrah!

Die Kinder wollen wir theilen: hurrah!
Den größten Sohn nehm' ich zu mir, hurrah!
Die andern drei, die laß' ich ihr. Hurrah!

———

Ausmarsch.

Immer lustig und vergnügt sind Soldaten,
Mein Liebchen hat schon längst errathen,
Wann wir wieder marschiren
Vom Feld bis in's Quartier.
      Trallala.

Zwischen dreien und halb vieren
Müssen wir Soldaten marschiren
Das Gäßlein auf und ab!
Mein Liebchen schauet herab.
      Trallala.

Mit Sack und Pack geschmückte Leute
Ziehen wir hinaus in die Weite.
Frisch vorwärts Mann für Mann,
Hornisten ziehen voran.
      Trallala.

———

2*

Wer's glauben thut.

Schatz, mein Schatz, reise nicht so weit von mir!
Im Rosengarten
Will ich deiner warten,
Im grünen Klee,
Im weißen Schnee.

Auf mich zu warten, das gebrauchest du ja nicht.
Geh du zu einer Reichen,
Zu deinesgleichen!
's ist mir eben recht,
's ist mir eben recht.

Ich heirathe nicht nach Geld und nicht nach Gut.
Eine getreue Seele,
Die ich mir wähle —
Wer's glauben thut,
Wer's glauben thut.

Wer's glauben thut, der ist ja nicht mehr hier.
Er ist in Schleswig,
Er ist in Holstein,
Er ist Soldat,
Soldat ist er.

Soldatenleben, ja das heißt lustig sein:
Wenn andre Leute schlafen,
So müssen wir wachen,
Müssen Schildwach stehn,
Patrouilliren gehn.

Schildwach zu stehn, das gebrauchest du ja nicht.
Wenn dich die Leute fragen,
So mußt du ihn(en) sagen:
Schätzchen, du bist mein,
Und ich bin dein.

———

Schön ist die Jugend.

Ich liebt' ein Mädchen von achtzehn Jahren,
Ich liebt' sie nur zum Zeitvertreib.
   Drum sag' ich's noch einmal:
   Schön ist die Jugendzeit,
   Schön ist die Jugend, sie kommt nicht mehr,
   Sie kommt nicht mehr, nicht mehr,
   Kommt auch nicht wieder her,
   Schön ist die Jugend, sie kommt nicht mehr.

Und mein Vater, der wollt's nicht haben,
Und meine Mutter, die gab's nicht zu.*)
Drum sag' ich's u. s. w.

Wir haben einen Weinstock und der trägt Reben,
Und aus den Reben kommt süßer Wein.
Drum u. s. w.

Es blühen Rosen, es blühen Nelken,
Es blüht ein Blümlein Vergißnichtmein.
Drum u. s. w.

———

Liebe von Anbeginn.

Auf dem Berg liegt Eis und Schnee,
Ach thut mir doch mein Herz so weh!
Juvallera, juvallera, juvallera.

Und ist das Bürschlein noch so klein,
So will es schon geliebet sein.
Juvallera, juvallera, juvallera.

---

*) Dafür singt man auch:
Ja nun mein Vater ist gestorben,
Und meine Mutter, die lebt nicht mehr.

Und ist es nun auch in der Bluth',
Wir bleiben doch einander gut.
   Juvallera, juvallera, juvallera.

———

Vergiß mein nicht!

Meine Eltern wollen's wissen,
Warum meine Thränen fließen,
Und mein Herz so traurig ist —
  Lebe wohl, vergiß mein nicht!

Meine Eltern wollen's nicht leiden,
Daß mein Schatz von mir will scheiden
In ein Land, wo's besser ist —
  Lebe wohl, vergiß mein nicht!

Auf dem Kirchhof sollst du liegen,
Wie die Kindlein in den Wiegen;
Ich hab dich so treu geliebt —
  Lebe wohl, vergiß mein nicht!

Auf dem Grabstein sollt ihr's lesen,
Die da liegt, ist mein gewesen,
Die da liegt im Grabe leer,
  Die vergeß' ich nimmermehr.

———

Wehmuth und Hoffnung.

Und wenn ich in die Fremde zieh,
Thut mir das Herz im Leibe weh —
    In Tirol sehn wir uns wieder, ja wieder, ja
            wieder; :/:

Und wenn der Mond am Himmel steht,
Auf Erden ist meine Heimath schwer —
    In Tirol u. s. w.

So wahr der Stern am Himmel spricht,
Auf Erden ist meine Heimath nicht —
    In Tirol u. s. w.

Und wenn das Schiff auf Wasser schwimmt,
So hoffen wir auf guten Wind —
    In Tirol u. s. w.

———

Scheiden ist ein schweres Wort.

Zwischen Bergen fließt ein Wasser,
  Das ist lauter edler Wein;
  Edler Wein, der soll es sein —
  Schätzchen, du gehörest mein.

Auf dem Waſſer ſchwimmt ein Schiff,
Luſtig, wer noch ledig iſt!
Luſtig, wer noch ledig iſt,
Wer noch nie verheirathet iſt!

Schätzchen, reich' mir deine Hand
Zum Beſchluß und Unterpfand;
Vor dem Schluß noch einen Kuß,
Weil ich von dir ſcheiden muß.

Scheiden iſt ein ſchweres Wort,
Du bleibſt hier, und ich muß fort,
Du bleibſt hier, und ich muß fort,
Muß an einen andern Ort.

Willſt du mich noch einmal ſehen.
Steig' auf dieſes Berges Höhen,
Blick hernieder in das Thal —
Siehſt du mich zum allerletzten Mal.

—

Lebewohl.
(Eine ziemlich abweichende Form des bekannten Volksliedes.)

Morgen muß ich fort von hier
Und muß Abſchied nehmen;

O du allerschönste Zier,
Scheiden das bringt Thränen.
    Scheiden macht mich so betrübt,
    Weil du mich so sehr geliebt
    Ueber alle Maßen —
    Soll und muß dich lassen.

Hat dich denn das Liebchen lieb,
Nun so laff' es bleiben,
Und wer weiß, wo mich der Wind,
Der Wind noch wird hintreiben.
    Scheiden macht mich so betrübt u. s. w.

Wenn zwei gute Freunde sind,
Die sich recht verstehen:
Thränen giebt es da genug,
Wenn sie von einander gehen.
    Scheiden macht mich so betrübt u. s. w.

Treibt mich denn ein kühler Wind
Gleich aus meinem Lande,
Nun so treibt er mich doch nicht,
Doch nicht aus meinem Stande.
    Scheiden macht mich so betrübt u. s. w.

Die Mutter warnt.

Ich hab mein Feinsliebchen
Schon lange nicht gesehn
Und gestern sah ich sie
Vor ihrer Hausthür stehn.

Ich dacht', ich will sie küssen;
Der Vater soll's nicht wissen,
Die Mutter wurd's gewahr,
Daß jemand bei ihr war.

Ach, Tochter, du willst freien,
Es wird dich schon gereuen,
Gereuen wird es dich,
Gereuen wird es dich.

Wenn andre junge Weibchen
Mit ihren schneeweißen Kleibchen
Wohl auf den Tanzsaal gehn,
Mit ihren Feinsliebchen drehn —

So mußt du junges Weibchen
Mit deinem zarten Leibchen,
Mußt vor der Wiege stehn,
Mußt vor der Wiege stehn;

Mußt singen: Ri ra rulchen,
Schlaf ein, mein gutes Julchen,

Schlaf ein in guter Ruh,
Drück deine Aeuglein zu!

Sie ging in ihre Kammer,
Beweinte ihren Jammer.
Sie weinte bitterlich,
Sie weinte bitterlich.

Hätt'st du nicht 'reingelassen
Den Fremden von der Straßen,
Den Schreiber von der Post,
Kein Mensch hätt' was gewußt.

———

Einseitige Treue.

Und in Mailand da wohnten zwei Verliebte
Und die liebten einander so sehr.

Und der Jüngling ging fort in die Fremde,
Um ein Jahr kam er wieder nach Haus'.

Feinsliebchen stand unter der Thüre,
Und er bot ihr einen schön' guten Morgen.

Und du brauchst mich nicht zu grüßen und zu küssen,
Denn ich habe schon längst einen Mann.

Darum kann ich dich noch grüßen und auch küssen,
Wenn du hast auch schon längst einen Mann.

Und der Jüngling ging fort und er weinte
Und er weinte und trauerte so sehr.

Unterwegs begegnet ihm seine Mutter,
Und die fragte: Warum weinest du so sehr?

Warum soll ich denn nicht weinen und nicht trauern?
Denn ich hab ja kein Lieblein nicht mehr.

Darum brauchst du nicht zu weinen und zu trauern,
Denn es giebt ja der Lieblein so viel.

Und es kann mir aber keine so gefallen,
Denn wir hatten einander so lieb.

—

Absonderlicher Liebesbrief.

Wien, o Wien*), ich muß dich lassen,
O du allerschönste Stadt!
Und was muß ich drin verlassen?
Meinen herzallerliebsten Schatz.

*) Dafür auch: Elterlein ꝛc.

Schatz, o Schatz, du thust mich kränken
Tausendmal in einer Stund';
Könnt ich dir in die Arme sinken,
Dir zu küssen deinen Mund.

Wie oft sind wir beisammen gesessen
So manche Stund' nnd halbe Nacht!
Haben dabei den Schlaf vergessen,
In der Liebe zugebracht.

Reise nun in Gottes Namen
Ueber Thal und über's Meer;
Kommst du einst in die fremden Lande,
Schreib nur einmal zu mir her!

Hätt' ich Tint' und hätt' ich Federn,
Hätt' ich Zeit und Schreibpapier,
So wollt' ich dir die Nacht aufschreiben,
Die du gesessen hast bei mir.

Meine Thränen sind die Tinte,
Meine Wangen Schreibpapier,
Meine Gedanken sind die Federn,
Wenn ich schreiben will zu dir.

Erde, deck mich zu!

Du sprachst, du liebtest mich;
Das Widerspiel seh' ich,

Eine andre thust du lieben,
Suchst mich nur zu betrüben,
Drum sage nimmermehr,
Daß du mich liebst so sehr.

Hätt' ich dir nicht getraut,
Nicht auf dein Wort gebaut,
So hätt' ich nicht empfunden
Die heißen Liebeswunden,
Die nunmehr brennen mich
Und nicht mehr stillen sich.

O Erde, deck mich zu!
Hier find' ich keine Ruh.
Vertilge meinen Namen,
Lösch' aus die Liebesflammen,
Lösch' aus die Liebesgluth,
Die mich so brennen thut!

Ich wollt', ich läg' und schlief
Viel tausend Klaftern tief
Im Schooß der kühlen Erden,
Weil du mein kannst nicht werden,
Und nichts zu hoffen hab',
Als nur das kühle Grab.

Dieses Lied ist später mit einem etwas zu derben
Schluß in erzgebirgischer Sprache versehen worden, der
außerdem nur halb im Charakter des Ganzen bleibt.

In weiter Ferne.

Nun leb' wohl, du kleine Gasse,
Nun leb' wohl, du stilles Haus!
Vater und Mutter sind so traurig,
Doch die Liebste sah mir nach.

Andre Städtchen, andre Mädchen
Kommen freundlich mir zu Gesicht.
Ja es sind wohl schöne Mädchen,
Doch die Eine ist es nicht.

Hier in weiter, weiter Ferne
Wie mich's nach der Heimath zieht!
Lustig singen die Gesellen,
Doch es ist ein falsches Lied.

Nach Amerika.

Es ist nun Zeit und Stunde da,
Wir ziehen nach Amerika;
Der Wagen steht schon vor der Thür,
Mit Weib und Kind marschiren wir.

Und wenn das Schiff auf Wasser schwimmt,
Dann stimmen wir ein Liedchen an;
Wir fürchten keine Wassersnoth;
Wir denken, überall ist Gott.

Lebt wohl, ihr Freunde und Verwandt',
Reicht mir zum letzten Mal die Hand!
Ihr Freunde, weinet nicht so sehr!
Wir sehn einander nimmermehr.

Es ist nun Zeit und Stunde da,
Wird sind nun in Amerika.
Wir rufen laut: Hallelujah,
Wir sind nun in Amerika!

Dann will ich meinem Bruder schreiben,
Er soll nicht mehr in Deutschland bleiben;
Er soll verkaufen, was er hat,
Soll ziehen nach Amerika.

———

Schatz, lebe, lebe wohl!

Die Reise nach Südland,*) die fällt mir so schwer;
O du einst geliebtes Mädchen, wir sehn uns nicht
mehr.

Sehn wir uns nicht wieder, so wünsch' ich viel Glück;
O du einst geliebtes Mädchen, denke oftmal zurück!

Am Sonntag frühmorgens stand der Lotse am Bord
Und sprach: Ihr jungen Männer, ihr alle müßt fort.

———

*) Auch Jütland.

Warum denn nicht morgen, warum denn gerad' heut'?
Denn es ist heute Sonntag für alle jungen Leut'.

Der Lotse sprach leise: Ich trage keine Schuld;
Denn der Hauptmann, der uns führt, hat keine Geduld.

Dort segelt ein Schifflein, und der Wind der ist gut,
Dort schwenkt mein Liebchen noch dreimal seinen Hut.

Das Schwenken bedeutet: Schatz, lebe, lebe wohl!
Wer weiß, ob wir einander uns wiedersehn solln?

Sehn wir uns nicht wieder, ei so wünsch ich dir Glück;
Ei du einst geliebtes Mädchen, denke oftmals zurück!

———

Du warst für mich geboren.

Der Abschied ist geschrieben,
Das Körbchen ist gemacht;
Wärst du mir treu geblieben,
Hätt' ich nicht bran gedacht.
Mein Herz ist dein, dein Herz ist mein,
Ich werde dich schon kriegen, schon kriegen.

Denkst du an jene Liebe,
An die vergangne Zeit?
Wärst du mir treu geblieben,
Hätt' ich noch nicht gefreit.
Mein Herz ist u. s. w.

Du hast mir Treu' geschworen,
Auf ewig treu zu sein;
Du warst für mich geboren,
's war weder Trug noch Schein.
Mein Herz ist u. s. w.

———

Verstimmung.

Schätzchen, was fehlt denn dir,
Daß du gar nicht redst mit mir?
Hast du einen andern an der Seite,
Der dir thut die Zeit vertreiben,
Der dir viel lieber ist?

Keinen andern hab' ich nicht. —
Schätzchen, verlass' mich nicht!
Sonst geh' ich weiter
Und werd' ein Reiter,
Daß du mich nicht mehr siehst.

Wenn ich ein Reiter bin,
Schreib' ich ein Brieflein hin;
Ich laß' dich grüßen
Und du sollst wissen,
Daß ich dein Schatz noch bin.

Dresden ist eine wunderschöne Stadt —
Wer sie durchwandert hat;
Da geht man auf grünem Rasen,
Da hört man Trompeten blasen.
O wie schön ist das!

O wie schön ist das,
Wenn der Tambour schlägt den Marsch,
Wenn sich thut die Trommel rühren,
Und die Soldaten in's Feld marschiren!
O wie schön ist das!

O wie schön ist das,
Wenn man kein Schätzchen hat!
Kann man schlafen ohne Sorgen
Von dem Abend bis zum Morgen —
O wie schön ist das!

O wie kränket das,
Wenn man ein Schätzchen hat!

Muß man reiten fremde Straßen,
Muß meinen Schatz einem andern überlassen.
O wie kränket das!

—

Trennung.

Ach hätt' ich nur ein einzigs Mal
Etwas von dir verspürt,
So hätt' ich dich das letzte Mal
Nur nicht nach Haus' geführt.

Wärst du mir nur nicht nachgekommen,
Ich war schon bald daheim —
So daß ich jetzt nun Tag und Nacht
Wohl über dich muß wein'n.

Ei Herzichen, ei Schätzichen,
Das alles liegt auf dir;
Ich bin ein junges Bürschelein,
's wär' ewig schad' um mich.

Hast du gedacht, 's wär schad' um dich,
Warum hast du 's gethan?
. . . .
. . . .

Und wenn du mich wirst zeigen an,
So ist das Ding verrathen —
Nehm' ich mein Päcklein unter'n Arm,
Geh' unter die Soldaten.

Geh' immer hin, geh' immer hin,
Ich will dir 's gar nicht wehren;
Denn Gott im Himmel lebet noch,
Der dir deinen Lohn wird geben.

Wenn du wirst einmal dorten stehn,
Um bein(en) Lohn zu erwarten,
Dann will ich einstmals vor dir stehn
Wie eine Ros' im Garten.

Wenn alle Sträucher Rosen tragen,
Dann wirst du mirs bezeugen —
Was nützt mir denn ein Bürschelein,
Wenn 's will nicht bei mir bleiben?

Heiße Liebe.

Mädchen, wenn ich dich erblicke,
Find' ich keine Ruhe mehr,
Jeder Tag und jede Stunde
Ist für mich kein' Freud' nicht mehr.

Du kommst mir zwar aus meinen Augen,
Aber nicht aus meinem Sinn;
Du kannst es mir wahrhaftig glauben,
Daß ich in dich verliebet bin.

Und so lang' das Feuer brennet,
Und die Felsen werden heiß,
Und so lang das Wasser fließet,
Sollst du auch mein eigen sein.

Sollt' ich aber unterdessen
Auf meinem Tobbett' schlafen ein,
So pflanz' mir auf meinem Grabe
Das Blümelein Vergißnichtmein!

Und des Abends beim Mondenscheine
Geh' auf meines Grabes Hügel zu!
Aber Mädchen niemals weine!
Sonst störst du mir meine Ruh'.

Die erste Liebe geht von Herzen,
Die zweite brennet gar so heiß. —
O wie glücklich ist das Mädchen,
Das von keiner Liebe weiß!

———

Trost.

Es ging mir mit meinem Herzliebsten konträr,
Und darum ist mir mein Herze so schwer;
Bald aus den Augen, bald aus dem Sinn —
Herzallerliebst Schätzel, fahr' immer dahin!

Fahr' immer dahin! Ich achte dein nicht,
Ich hab' mir mein(en) Sinn auf ein(en) andern gericht't,
Ich hab' mir mein(en) Sinn auf ein(en) andern gewandt,
Muß thun, als hätt' ich dich nicht gekannt.

Vielleicht hat's Gott nicht haben wollen,
Daß wir einander heirathen sollen;
Vielleicht ist 's für uns beide ein Glück,
Daß unsere Lieb' ist gangen zurück.

Ein untreues Schwören, das hast du gethan:
Du wolltest von mir nicht abilahn;
Dein untreues Herz, dein falscher Mund,
Das hat sich geändert in einer Stund'.

Ich will mir mein Herze nicht länger quälen,
Ich will es dem lieben Gott befehlen;
Darum so hast du deinen Abschied,
Ein ander hübsch Bürschel ist mir ebenso lieb.

Behüt' euch Gott vor falscher Liebe.*)

Wie oft bin ich beiner gangen,
Wie oft hab' ich bein gedacht!
Durch die heißen Sonnenstrahlen
Hab' ich meine Reis' vollbracht.
Ob gleich viel' sind, bie dich hassen,
Daß ich dich nicht lieben soll,
Ei so will ich dich, mein Kind, nicht lassen,
Das Herz im Leib verbleiben soll.
Einem Felsen muß man 's klagen,
Wenn es soll verschwiegen sein,
Keinem Menschen darf ich nichts sagen,
Was ich leid' für Liebespein.
Alles, was ich leide,
Leid' ich mit Gebuld,
Bis das Glück wird kehren ein.
Sollt' ich aber unterbessen
Auf meinem Todbett schlafen ein,
So gräbt man mich gleich ein
In die kühle Erde,
In das finstre Grab hinein,
Thut den Grabstein auf mich legen

---

*) Die Ueberlieferung (durch eine alte Frau) ist mangel=
haft, die Verseintheilung unsicher.

Und schreibet diese Worte ein;
Alle Menschen, die darübergehen,
Schauen diesen Grabstein an:
Behüt' euch Gott vor falscher Liebe,
Sonst müßt ihr noch sterben dran!

———

Vertrauen.

Ich hatt' einmal ein Mädchen,
Ein Mädchen, das sah schön,
Hab' ich noch keins gesehen
So weiß, als wie der Schnee;

Hatt' schöne blaue Aeugelein,
Schwarzes Haar auf ihrem Kopf —
Zwei Jahre hab' ich sie geliebt,
Dann mußt' ich wandern fort.

Thu du nur zwei Jahr wandern,
Verlaß' dich nur auf Gott
Und denk' in deinen Gedanken,
Er wird dir helfen fort!

Im Sommer ist gut wandern,
Da sind die Tage lang;
Von einer Stadt zur andern —
Mach dich nur recht bekannt!

Kommst du in ein anderes Städtchen,
Liebst du ein andres Mädchen?
Keine andre lieb' ich nicht,
Sie mag noch schöner sein.

Ich bin ein junges Mädchen,
Heirathen thu' ich nicht;
Ich kann die Zeit erwarten,
Meinen Vater verlaff' ich nicht.

Du sollst ihn nicht verlassen;
Bleib' du ihm nur getreu
Und denk' auch unterdessen,
Ich werd' dein eigen sein!

Wenn alle grünen Sträuchelein
Voll rother Rosen blühn,
Und alle Felsen zerspringen,
Will ich doch keine andre liebn.

Der Himmel muß 'reinbrechen,
Wenn du eine andre liebst,
Wenn du unterdessen
Mit einer Hochzeit giebst.

———

Allein.

Des Morgens, wenn ich früh aufsteh',
Seh' ich den Himmel wohl an;
Da seh' ich die Lerchen floriren,
In's Kloster geh' ich studiren —
O Himmel, was hab' ich gethan?
Die Liebe ist schuld daran.

Des Mittags, wenn ich zum Essen geh',
Find' ich mein Tischlein allein;
Da ess' ich das Brod und trinke den Wein,
Ach wenn ich bei meinem Schätzel könnt' sein!
O Himmel, was hab' ich gethan?
Die Liebe ist schuld daran.

Des Abends wenn ich zu Bette geh'.
Find' ich mein Bette allein;
Ich greife wohl hin, ich greife wohl her,
Und wo ich hingreife, ist alles wohl leer.
O Himmel, was hab' ich gethan?
Die Liebe ist schuld daran.

Liebestrauer.

Und wir haben den Frühling gesehen
Und die schönsten der Blumen gegrüßt

Und der Nachtigall ihre Stimme gehört
Und ein himmlisches Mädchen geküßt.

Ja der Frühling, der ist nun verschwunden,
Und die Blümlein hören all zu blühen auf,
Und in's Grab ist mein Mädchen gesunken,
Und verstummt ist der Nachtigall ihr Lied.

Ja der Frühling, der kehret einst wieder,
Und die Blümlein blühen alle wieder auf,
Und die Nachtigall schlägt froh ihre Lieder.
Doch mein Mädchen wacht nie wieder auf.

O du himmlischer Vater von oben,
Du hast mir mein Mädchen geraubt;
Denn es giebt ja der Mädchen so viele,
Doch für mich hast du keine mehr gebaut.

———

Verrathene Liebe.

Ist das nicht ein närr'sches Mädchen,
Das ich mir erwählet hab'?
Es ist keins im ganzen Städtchen,
Das mir so gefallen hat.

Blaue Augen, schwarze Haare
Haben mich verliebt gemacht;

Wer's nicht glaubt, der kann's erfahren:
Blau hat mich um's Herz gebracht.

Schätzchen, kannst du mir's gestehen:
Gestern küßt' ein andrer dich.
Hinterm Busch hab' ich's gesehen;
Glaubst du denn, das ärgert mich?

Mußt du denn gleich alles sehen?
Störtest mich in meiner Ruh'.
Jeder Jüngling liebt das Küssen,
Jeder küßt so gut wie du.

Nimm dein Körblein in die Arme,
Schließ' dein falsches Herz hinein!
Was nützt mich dein schöner Name?
Denn es ist nur Trug und Schein.

Warum liebst du nur das Küssen
Bei der Nacht, wenn's finster ist?
Und am Tag, wenn's Leute sehen,
Thust du nicht, als kennst du mich.

Ein theures Mädchen.*)

Draußen aus dem hohen Haus
Sah ein schönes Mädel 'raus,

*) Die Ueberlieferung nicht vollständig.

Rüber auf die Straßen;
Sind die Burschen zwei bis drei . . .
Die andern ohne Maßen

. . . .

Der kleinste, der darunter war,
Bot dem Mädel einen guten Tag.
Das Mädel fing an zu lachen.
Schönster Schatz, wenn du bei mir wärst!
Hochzeit wollen mir machen.
Hochzeit wär' schon recht und gut,
Wer nur hätt' das größte Gut,
Und dabei zu gedenken
Bier und Brod und Branntewein,
Dafür einzuschenken.
Wer das Mädchen haben will,
Der muß zahlen Thaler viel
Und dabei verschwören,
Nimmermehr zu Biere gehn,
Spielen und krakeelen.
Eh' ich das verschwören sollt'!
Wenn sie wär von rothem Gold
Mit Silber eingefaßt —
Bruder, wollen zu Biere gehn,
Mädel wollen wir lassen.
Drauf da geh' ich in den Wald,
Nehm' ich das Pistol in die Hand,

Thu' ich mich erschießen —
Komm' ich weg von dieser Welt,
Darf mich's nicht verdrießen.

———

Ganz verlassen.

O wie dunkel sind die Mauern,
Und wie sind die Ketten schwer!
O wie lange wird's noch dauern!
Giebt's denn keine Rettung mehr?

Ach ich bin ja ganz verlassen,
Niemand nimmt sich meiner an,
Freund' und Feinde thun mich hassen,
Ich bin veracht't von jedermann.

Einen Vater, den ich hatte,
Der ist fort in's fremde Land,
Meine Mutter liegt im Grabe,
Diese hab' ich nicht gekannt.

Lieber Jüngling, hast's im Ernste?
Oder treibst du mit mir Scherz?
Denn bei Gott! es ist gefährlich
Für ein junges Mädchensherz.

Wenn ich auf dem Kirchhof liege
In dem stillen Kämmerlein,
So pflanzt mir auf meinem Grabe
Rosen und Vergißnichtmein.

—

Lieben und Leiden.

Wer lieben will, muß leiden;
Ohne Leiden liebt man nicht.
Sind das nicht süße Freuden,
Wenn's Herz von der Liebe spricht?

Den Schatz, den ich gern hätte,
Der ist mir nicht erlaubt;
Ein andrer sitzt an der Treppe,
Hat mir mein Herz beraubt.

Wer Rosen will abbrechen,
Der scheu' die Dornen nicht,
Wenn sie gleich heftig stechen —
Vermag (?) den Stachel nicht.

Hätt' ich dich nicht gesehen,
Wie glücklich könnt' ich sein!
Aber leider ist's geschehen,
Mein Herz ist nicht mehr rein.

3

Die Rosen blühn im Garten,
Die Blätter fallen ab —
Ich kann es kaum erwarten,
Das kühle, kühle Grab.

Fleißen.

~~~

Wie eine Blume auf dem Feld.

Es ist nur einer, der mir kann gefallen,
Hat schwarzbraune Äugelein als wie Korallen,
Er sieht schön weiß als wie der Schnee,
Schön zärtlich als wie eine Bunn' (Bohne) Kaffee(?)

Das menschliche Leben ist so gestellt
Wie eine Blume wohl auf dem Feld,
Sie blüht auf und muß verderben;
Darum heißt es: Mensch, aber du mußt sterben.

Auf dem Grabstein, da kannst du lesen:
Wer da drin, ist mein gewesen,
Wer da drin liegt, im Grabe drin,
Den lieb' ich sehr,
Den vergess' ich nimmermehr.

~~~

Beim Scheiden.

Mädchen, warum weinest du,
Weinest du so sehr?
Weinest, daß ich von dir gehe,
Daß ich dich nicht wiedersehe?
Mädchen, warum weinest du?
Weine nicht so sehr.

Mädchen, ich kehr' bald zurück,
Kehre bald zurück.
Will dich lieben in der Ferne,
Und wer liebt, der kehrt so gerne.
Darum, Mädchen, traure nicht,
Traure nicht so sehr!

Abschiedsthränen.

Ei warum bist du so traurig?
Ich bin aller Freuden voll.
Meinest, ich soll dich verlassen?
Du gefällst mir gar zu wohl.

Morgen will mein Lieb' abreisen,
Abschied nehmen mit Gewalt;
Draußen singen schon die Vögel
In dem Walde mannigfalt.

8*

Saßen da zwei Turteltäubchen
Wohl auf einem grünen Ast —
Wo sich zwei Verliebte scheiden,
Da verwelket Laub und Gras.

Laub und Gras; das muß verwelken,
Aber treue Liebe nicht.
Kommst mir zwar aus meinen Augen,
Doch aus meinem Herzen nicht.

Oft sind wir beisammen gesessen
Manche schöne lange Nacht;
Haben dabei den Schlaf vergessen
Und in Liebe zugebracht.

Ich kaufte mir Bänder an mein Pfeischen,
Einen Strauß auf meinen Hut
Und ein Tuch in meine Tasche,
Daß ich weinen kann genug.

Spielet auf, ihr Musikanten,
Spielet auf ein Saitenspiel!
Meinem Schätzchen zum Gefallen,
Weil es von mir scheiden will.

———

Verwandt mit diesem Lied ist das folgende, mir nur
unvollständig überlieferte. Die Beziehung des ersten Verses
zum Ganzen tritt hier deutlicher heraus.

Andenken.

Schönster, warum bist du so traurig?
Ich bin aller Freuden voll.
Meinst du denn, ich soll dich verlassen?
Aber nein, das thu' ich nicht.

Eh' ich soll mein Schätzel lassen,
Soll der Himmel fallen ein,
Jeder Stern soll sich verändern,
Sonn' und Mond soll finster sein.

Ei was geb' ich denn mei(ne)m schön(en) Schätzele,
Daß er an mich denken thut?
Ein Tüchlein in seine Tasche,
Seine Äuglein abzuwischen,
Und ein Sträußlein an seinen Hut,
Daß er an mich denken thut.

Räthsellied.

Mädchen, ich will dir auf zu rathen geben;
Wenn du's erräthst, so heirath' ich dich.
Welcher Baum ist ohne Laub,
Und welche Straße ist ohne Staub?

Wenn es die Herrn nicht für ungut befinden,
So will ich euch gleich sagen den wahren Grund:
Der Tannenbaum im Wald ist ohne Laub,
Die Straße nach dem Himmel ist ohne Staub.

Mädchen, ich will dir u. s. w.*)
Welches Wasser ist ohne Sand,
Und welcher König ist ohne Land?

Wenn es die Herrn u. s. w.*)
Die Thräne aus dem Auge ist ohne Sand,
Der König der Karten der ist ohne Land.

Welche Jungfrau ist ohne Zopf,
Und welcher Thurm ist ohne Knopf?

Die Jungfrau in der Wiege, sie ist ohne Zopf,
Der babylonische Thurm, der ist ohne Knopf.

Welches Haus ist ohne Stein,
Und welches Auge ist ohne Schein?

Das Schneckenhaus im Garten, es ist ohne Stein,
Das Auge der Liebe, es hat keinen Schein.

---

*) Die einleitenden Worte werden vor jeder Frage und
Antwort wiederholt.

Bis an den jüngsten Tag

Der Himmel ist sehr trübe,
Scheint weder Mond noch Stern;
Der Jüngling, denn ich liebe,
Der ist so weit entfernt.

Ach hätten meine Augen
Den Jüngling nicht gesehn,
So könnt' ich ruhig schlafen,
Könnt' ohne Sorgen gehn.

Ein Flecklein hab' ich gefunden,
Darauf da wuchs kein Moos;
Da hab' ich geweint viel Stunden,
Die Thränen die flossen in Schooß.

Warum bist du so traurig,
Daß du gar nicht mehr lachst?
Ich seh's an beinen Augen,
Daß du geweinet hast.

*   *
*

Was nützt mir all dein Reden,
Wenn ich die Ehr' nicht hab?
Ich wollt', ich wär' gestorben
Und läg' im kühlen Grab.

Du wollt'st, du wärst gestorben
Und lägst im kühlen Grab?
So müßt dein Leib verwesen
Bis an den jüngsten Tag.

Und müßt mein Leib verwesen
Bis an den jüngsten Tag —
So wüßt' ich doch von dir nichts mehr
Und auch von keiner Klag'.

———

Der Gaſtwirthsſohn.*)

Es hatt' ein Gaſtwirth einen Sohn,
Der etwas wollte lernen ſchon:
Ein Schloſſer wollt' er werden.
Und als er ausgelernet hatt',
Ging er wohl auf die Wanderſchaft,
Um etwas zu erfahren.

Und als er ſo auf Reiſen ging,
Dacht' er einmal in ſeinem Sinn,
Seine Eltern zu beſuchen.
Und als er nun nach Hauſe kam,
Stellt er ſich als ein Fremdling an,
Wie's ihm als Gaſt gebühret.

———

*) Leider kann ich das Versmaß nicht genau herſtellen,
da ich dieſes Lied nur einmal gehört habe.

Er setzt sich an ein Tischelein:
Gebt mir ein Glas Tyrolerwein!
Morgen früh werd' ich's bezahlen.
Hier habt ihr auch mein Ränzelein,
Schließt es in euer Kämmerlein
Und thut mir's wohl verwahren!

Ach Tochter, liebes Töchterlein,
Hat sie denn gar kein Brüderlein,
Daß sie muß alles versorgen?

Ich hatte Brüder ihre zwei;
Der eine ist schon längst vorbei,
Schon längst vor fünfzehn Jahren;
Der andre ist noch länger fort,
Und haben bis jetzt noch kein Wort.
Ist das nicht zum Erbarmen?

Ach Schwester, liebes Schwesterlein,
Ich bin dein einz'ges Brüderlein,
So wie ich vor dir stehe.
Sag' aber nur der Mutter nichts!
Sonst müßt' ich gleich aufstehen jetzt.
Morgen früh werd' ich's schon sagen.

Und als es kam um Mitternacht,
Frau Wirthin aus dem Schlaf erwacht,
Den Fremdling zu ermorden.

Die Tochter hörte dies Geschrei
Und eilte schnell zur Kammer bei

— — — — — —

Ach Mutter, liebes Mütterlein,
Erschlägst mein einz'ges Brüderlein,
So wie er vor dir lieget.
Die Mutter gleich in's Wasser sprang,
Der Vater sich in der Kammer hang,
Die Tochter starb vor Herzeleid.
Ist das nicht eine Traurigkeit?
Durch Jesum Christum Amen.

———

Die Judentochter.

Es war einmal eine Jüdin,
Ein wunderschönes Weib;
Die hatte eine Tochter,
Zum Tod war sie bereit.

Ach Mutter, liebe Mutter,
Mir thut mein Kopf so weh,
Ach laßt mich nur ein wenig
Spazieren gehn zur See!

Ach Tochter, liebe Tochter,
Allein kannst du nicht gehn;

Sag' deiner jüngsten Schwester,
Sie soll gleich mit dir gehn!

Ach Mutter, liebe Mutter,
Sie ist ja noch ein Kind,
Sie pflückt mir alle Blümlein,
Die in dem Walde sind.

Ach Mutter, liebe Mutter,
Mir thut mein Kopf so weh;
Ach laßt mich nur ein wenig
Spazieren gehn zur See!

Ach Tochter, liebe Tochter,
Allein kannst du nicht gehn;
Sag's deinem jüngsten Bruder,
Er soll gleich mit dir gehn!

Ach Mutter, liebe Mutter,
Er ist ja noch ein Kind,
Er erschießt mir alle Vögel,
Die in dem Walde sind.

Die Mutter ging nun schlafen,
Die Tochter ihren Gang,
Sie ging so lange spazieren,
Bis sie den Fischer fand.

Guten Morgen, lieber Herr Fischer,
Was machet ihr so frisch?
Ich such' den jungen Prinzen,
Der hier versunken ist.

Was band sie von ihrem Halse,
Von Gold so roth, so fein?
Dahier, mein lieber Herr Fischer,
Das soll ein Denkmal sein.

Was zog sie von ihrem Finger,
Von Gold so fein, so roth?
Dahier, mein lieber Herr Fischer,
Kauft euern Kindern Brod.

Dann stieg sie auf die Mauer
Und warf sich in den See:
Lebt wohl, mein Vater und Mutter,
Wir sehen einander nicht mehr;
Lebt wohl, mein Bruder und Schwester,
Wir sehen einander nicht mehr.

Im hohlen Baum.

Es trieb ein Schäfer oben aus,
Er hört' ein klein Kindlein schreien.

Ich hör' dich wohl und seh' dich nicht.
Im hohlen Baum, da stecke ich.

Wer hat dich denn darein gesteckt?
Die Braut, die wollt' zur Kirche gehn.

Und als die Braut zur Kirche 'rauskam,
Das Kindlein ihr entgegensprang.

Das Kindlein hub gleich an zu schrein:
Ach Mutter, liebes Mütterlein!

Wie kann denn das deine Mutter sein?
Sie trägt ein grünes Kränzelein.

So wollt' ich, daß der Satan käm',
Und ihr den grünen Kranz abnähm'!

Da war das Wort kaum ausgesagt,
Der Satan schon zur Thür' neintrat
Und nahm den grünen Kranz ihr ab.

———

Verrath und Rache.

Es kann mich nichts schön'res erfreuen
Als wenn sich der Sommer anfängt;
Da blühen die Rosen im Garten,
Soldaten marschiren in's Feld.

Und als ich in's fremde Land Sachsen 'nein kam,
Da gedacht' ich gleich wieder nach Haus;
Ei wär' ich zu Hause geblieben
Und hätte gehalten mein Wort!

Und als ich gleich wieder nach Hause kam,
Feinsliebchen stand unter der Thür.
Gott grüß dich, du Feine, holdselig!
Von Herzen gefallest du mir.

Ich brauch' dir gar nicht zu gefallen,
Ich hab' ja schon längst einen Mann;
Mein Mann ist so hübsch und so feine,
Der mich ernähren kann.

Was hat es unter der Schürze?
Ein Gläschen voll rothen Wein.
Das wollen wir beide austrinken,
Das soll unser Abschied sein.

Was zog er aus seiner Tasche?
Ein Messer, war scharf gespitzt;
Das stach er Feinsliebchen in's Herze,
Das rothe Blut gegen ihn spritzt.

Da zog er das Messer gleich wieder heraus,
Vom Blute sah es so roth.
Ach großer Gott im Himmel,
Wie bitter ist mir der Tod!

Und als Feinsliebchen gestorben war,
Wo begraben wir sie denn hin?
In seines Großvaters Lustgarten,
Wo Rosen und Veilchen blühn.

Ihr Jungfern und Junggesellen,
Nehmt euch ein Beispiel daran
Und liebt nicht mehr als einen,
Ihr habt genug daran!

So geht's, wenn ein Mädchen zwei Burschen lieb hat,
Das thut gar selten ein gut;
Wir beide haben's erfahren,
Was falsche Liebe thut.

———

Die Nonne.

Ich stand auf hohen Bergen
Und schaute in das Thal;
Sah ich ein Schifflein schwimmen,
Worin drei Grafen saßen.

Der jüngste von den Dreien,
Der in der Mitte saß,
Gab mir einmal zu trinken
Rothen Wein aus einem Glas.

Was zog er von seinem Finger?
Von Gold ein Ringelein.
Nimm' hin, du Hübsche, du Feine
Das soll dein Denkmal sein.

Ich brauche noch nicht zu gedenken,
Ich brauche noch keinen Mann;
In's Kloster will ich gehen,
Will werden eine Nonn'.

Willst du in's Kloster gehen,
Willst werden eine Nonn',
So will ich die Stadt umreiten,
Bis daß ich zu dir komm'.

Und als er an das Kloster kam,
Ganz leise klopft' er an.
Gebt mir die schönste Nonne 'raus,
Die reingekommen ist!

's ist keine reingekommen,
Und es darf auch keine naus.
So will ich das Kloster umzingeln,
Das schöne Nonnenhaus.

Da kam sie vorgeschritten;
Ihr Kleid war silberweiß,

Ihr Haar war abgeschnitten,
Zur Nonn' war sie bereit.

Der Mühlbursch.

Ich stand auf einem hohen Berg,
Schaut' runter in's tiefe Thal;
Da standen drei Burschen
Bei einer edlen Tann'.

Der erste war ein Schneider,
Der zweite ein Edelmann,
Der dritte war ein Mühlbursch,
Der das Mädchen wollte habn.

Der Mühlbursch, der ging wandern
Wohl in das weite Land,
Er nahm das seine Mädchen
Und führt' sie bei der Hand.

Frau Wirthin, sind Sie drinnen,
Schenken Sie gut Bier und Wein?
Mein Schatz hat schöne Kleider,
Die müssen versoffen sein.

Versoffen sind die Kleider,
Kein Geld ist mehr zu sehn;

Nun kann das schöne Mädchen
Nach Hause wieder gehn.

Nach Hause will ich gehen,
In meines Baters Haus;
Ach hätt' ich doch mein lebelang
Keinem Mühlbursch getraut!

Die Mühlbursch', die sind Schelmen,
So viel' es ihrer sein:
Sie lügen, sie betrügen
Die feinen Mägdelein.

———

Schnöder Handel.

Es wollt' ein Müller früh aufstehn,
Wollt' in den Wald spazieren gehn,
Wollt' sich den Wald beschauen.

Und als er in den Wald nein kam,
Drei Räuber ihm entgegentraten,
Drei Räuber und drei Mörder.

Guten Tag, guten Tag, Herr Müller mein;
Habt Ihr kein schwang'res Weib daheim?
Wir wollen sie theuer bezahlen.

Der erste zog den Beutel raus,
Dreihundert Thaler zahlt' er aus,
Dem Müller für sein Weibchen.

Der Müller dacht' in seinem Sinn,
Das ist kein Geld für Weib und Kind;
Mein Weiblein ist mir lieber.

Der zweite zog den Beutel raus,
Sechshundert Thaler zahlt er aus,
Dem Müller für sein Weibchen.

Der Müller dacht' in seinem Sinn,
Das ist kein Geld für Weib und Kind;
Mein Weiblein ist mir lieber.

Der dritte zog den Beutel raus,
Neunhundert Thaler zahlt' er aus,
Dem Müller für sein Weibchen.

Der Müller dacht' in seinem Sinn,
Das ist schon Geld für Weib und Kind;
Mein Weiblein sollt' ihr haben.

Und als er nun nach Hause kam,
Sein Weiblein ihm entgegen kam
Mit ganz betrübtem Herzen.

Ach Frau, du sollst nach Hause kommen,
Deine Eltern sind sehr krank, sehr krank,
Deine Mutter wird bald sterben.

Sie ging gleich auf den Boden nauf
Und zog die Trauerkleider an,
Dazu den schwarzen Schleier.

Und als sie in den Wald nein kam,
Drei Räuber ihr entgegensprangen,
Drei Räuber und drei Mörder.

Ach Gott, was hat mein Mann gethan,
Soll ich denn Schuld und Theil dran habn
Im Himmel und auf Erden?

Als sie ein Stückchen weiter kam,
Da sah sie drei gesattelte Rappn.
Ach Gott, es ist mein Bruder!

Er nahm sie bei ihrer schneeweißen Hand
Und führt' sie in ihr Heimathsland.
Darinnen sollst du sterben.

Ein einziges Töchterlein.

Meister Müller, du mußt sehen,
Was in deiner Mühle ist geschehen

Denn das Mühlrad bleibt von selber stehn;
Es muß doch was zu Grunde gehn,

Die Frau Müllerin in ihrer Kammer
Schlug die Hände über dem Kopf zusammen:
Ach Gott, wir haben nur ein einzigs Töchterlein,
Das wird uns wohl ertrunken sein.

Kommt, ihr Jungfrauen, kommt gegangen;
Seht, das Rad hat mich gefangen!
Flechtet mir einen Kranz von Rosmarin,
Dieweil ich Braut und Jungfrau bin.

Liebste Eltern, laßt euch sagen,
Laßt mich von zwölf Trägern tragen:
Und tragt mich nach dem Friedhof zu,
Dort liegt mein Leib in guter Ruh'.

Dort in dem Rosengarten
Wird mein Bräutigam auf mich warten,
Dort ist mein Brautbett schon bereit —
Hier und dort in Ewigkeit.

———

Drei Lilien.

Drei Lilien, drei Lilien,
Die pflanzt' ich auf mein Grab.

Da kam ein stolzer Reiter
Und pflückt' sie ab.

Ach Reitersmann, ach Reitersmann,
Laß doch die Lilien stehn!
Sie soll ja mein Feinsliebchen
Noch einmal sehn.

Wenn ich einstmals sterbe,
So bin ich morgen todt;
Da begraben mich die Leute
In's Morgenroth.

———

Bei Gott.

Es ging einst ein verliebtes Paar
Im grünen Wald spazieren;
Der Jüngling, der ihr untreu war,
Wollt' sie im Wald verführen.

Er nahm sie bei ihrer schneeweißen Hand
Und führt' sie in's Gesträuche,
Gab ihr einen Kuß zum Unterpfand:
Hier such' dir deine Freude!

Was soll ich denn im grünen Wald
Für eine Freude haben?

Es scheint mir eine Todesgruft,
Als wollt'st du mich begraben.

Was zog er aus der Tasche raus?
Ein Messer scharf gespitzet.
Verschone nur mein theures Blut
Und mein getreues Herz.

Da hilft kein Bitten, hilft kein Flehn,
Im Grabe mußt du liegen,
Bevor' die Schand' noch größer wird,
Und alles bleibt verschwiegen.

Da gab er ihr den zweiten Stich,
Langsam sank sie zur Erde;
Sie rief: O Jesu, steh mir bei!
Ich leide große Schmerzen.

Er nahm das Messer gleich wieder heraus
Und stach sich selbst in's Herze.
Hast du gelitten große Pein,
Leid' ich noch größre Schmerzen.

Und als dreiviertel Jahr um war,
Da hat man sie getroffen,
Da sind die Vöglein weit und breit
Hoch über ihr geflogen.

Da wuchs eine Lilie auf ihrem Grab,
Darauf stand roth geschrieben:
Sie war bei Gott sehr angesehn
Und ist bei Gott geblieben.

————

Du hast's gewußt.

Es wollt' ein Bursch auswandern,
Er wollte wandern weit und breit,
Sein Mädchen gab ihm das Geleite,
Das war seine herzliebste Freud'.

Kehre um, du hübsches feins Mädchen,
Kehre um, geh nicht weiter mit mir!
Meine Augen gehen mir über,
Kein Wort kann ich reden mit dir.

Ich bin ein armes Klöppelmädchen,
Hab' weder Geld, noch Gut,
Bin verlassen von den Leuten,
Als wie ein verlorenes Schaf.

Du hast gewußt, daß ich arme bin;
Warum hast du dich meiner verliebt?
Hättst du dein Herz einer Reichen angehängt,
Und hättst du mich nicht so betrübt.

Er reichte mir seine schneeweiße Hand
Mit Seufzen und mit Flehn:
Der liebe Gott helf dir weiter!
Ich komme schon wieder nach Haus.

———

Bis in's rothe Meer.

Und wer bekümmert sich und wenn ich wandre
Wohl unter dieser Kompanie?
Ist's die eine nicht, so ist's die andre —
Wer bekümmert sich und wenn ich wandre
Wohl unter dieser Kompanie?

Und jetzo geb' ich meinem Pferd die Sporen,
Zu dem Thore geh' ich hinaus.
— Ist's die eine nicht, so ist's die andre.
Wer bekümmert sich und wenn ich wandre? —
Morgen geht's in aller Früh'.

Ach schönster Schatz, laß dich doch erbarmen,
Steig' nun ab von deinem Pferd,
Ruhe sanft in meinen Armen,
Bis die Sonne untergeht!

Die finst're Nacht, die hat uns überfallen,
Wir müssen bleiben in dem Wald, .

Da muß ich mein Zelt aufschlagen
Wohl in dem großen grünen Wald.

Sie dreht sich um und sie weinet bitterlich;
Denn der Abschied fiel ihr schwer.
Ihre Äuglein, die gaben Wasser,
Sie fließen bis in's rothe Meer.

———

Kurz gefaßt.

Es ging ein Jäger jagen
Dreiviertelstund vor Tagen
Wohl in den grünen Wald.

Was begegnet ihm auf der Reise?
Ein Mädchen schneeweiß gekleidet,
Die war so wunderschön.

Der Jäger that sie wohl fragen,
Ob sie nicht wollte mit jagen
Ein Hirschlein oder ein Reh.

Sie sagte, das Jagen versteh' ich nicht,
. . . .
. . . .

Sie setzten sich beide zusammen

. . . .

. . . .

Steh auf, du fauler Jäger!
Die Sonne scheint über die Berge.
Ein Fräulein bin ich schon.

Das wollte den Jäger verdrießen,
Er wollte das Mädchen erschießen
Bloß um das einzige Wort.

Das Mädchen fiel ihm zu Füßen,
Er sollte sie ja nicht erschießen,
Er sollte verschonen ihr Blut.

Der Jäger that sich's bedenken
Und wollte das Leben ihr schenken
Bis auf ein anderes Mal.

Das Mädchen war aber geschwinde,
Sie nahm dem Jäger die Flinte
Und schoß ihn selber todt.

Schön Ulrich.

Schön Ulrich wollte spazieren gehn,
Trautenbelein wollte auch mit gehn.

Als sie ein Stück gegangen waren,
Kamen sie an einen Wald hinan.

Er warf sein(en) Mantel auf grünes Gras
Und bat, daß sie sich niederlass'.

Trautenbelein, warum weinest du?
Weinst du um deines Vaters Gut,
Oder ist dir schön Ulrich nicht gut genug?

Ich wein' nicht um meines Vaters Gut,
Schön Ulrich ist mir auch gut genng.

Da sieh nur hin in jene Tannen —
Siehst du elf junge Fräulein hangen.

Und du sollst gleich die zwölfte sein.
So erlaube mir nur drei Schreielein!

Den ersten Schrei, den sie ausgab,
Ruft sie ihren Vater und Mutter an.

Den zweiten Schrei, den sie ausgab,
Ruft sie ihren Bruder in der Schenke an.

Den britten Schrei, den sie ausgab,
Ruft sie ihren Gott im Himmel an.

Schön Ulrich in ein Haus neintrat.
Schön Ulrich, was sehn deine Schuh' so roth,
Sie sehn wie lauter Liebesgluth?

Was solln denn sehn meine Schuh' nicht roth?
Ein Täublein hab' ich erstochen tobt.

Das Täublein, das du erstochen hast,
Hat meine Mutter auf die Welt gebracht;

Sie hat es gefüttert mit Semmel und Wein —
Das war meine Schwester Trautendelein.

Trautendelein wurde gefunden,
Schön Ulrich wurde gebunden.

Trautendelein wurde in's Grab gesenkt,
Schön Ulrich wurde auf's Rad gehängt.

Trautendelein haben die Glocken geklungen;
Schön Ulrich haben die Raben verschlungen.

— ⁓ —

Traurige Hochzeit.

Es wollt' ein Ritter ausreiten,
Die Hochzeit zu bereiten;
Er wollte reiten zu seiner lieben Braut,
Die ihm von Gott war anvertraut.

Er ritt mit ihr nach Brucken,
Da wollt' er sie herzen und drucken;
Da fiel aus seiner Tasche ein silberweißes Schwert,
Das fiel der zarten Jungfrau in das Herz.

Er ritt mit ihr im Grunde,
Verband ihr die Schmerzen und Wunden,
Er verband sie auf's allerbest'.
Ach Gott, wenn's nur kein Mensch nicht wüßt'!

Dann führten sie die Braut zu Tische,
Sie trugen ihr vor Fleisch und Fische,
Sie trugen ihr vor den allerbesten Wein;
Die Braut sollte essen und lustig sein.

Die Braut konnt' aber nicht essen,
Sie konnt' ihre Schmerzen nicht vergessen.
Ach Gott, wenn's nur bald Abend wär'
Daß das Brautbett bereitet wär'!

Und als es kam um sechse,
Führten sie die Braut zu Bette
Mit Trommeln, mit Pfeifen und Saitenspiel.
Die Braut gedachte der Freuden nimmer viel.

Und wie es kam um Mitternacht,
Der Bräutigam an seine Braut gedacht';
Er wollte sie schlingen in seinen lieben Arm —
Die Braut war kalt, war nicht mehr warm.

Da weckt' er sein Gesinde,
Sie sollten ein Licht anzünten,
Und als das Licht bereit war,
Schon Braut und Bräutigam verschieden war.

Ei ist das nicht ein Jammer,
Zwei Eh'leut' in einer Kammer —
Ei ist das nicht ein Zeichen von Gott,
Zwei Eh'leut' in einer Stunde todt?

———

Der Seligkeit zu.

Es ging ein Jüngling spazieren
In der Nacht, da's finster war,
Er kam vor Liebchens Thüre
Und klopfte leise an.

Feinsliebchen, bist du drinnen?
Mach' mir ein wenig auf!
Mich friert an meine Finger,
Der Thau, der fällt mir auf.

Aufmachen wollt' ich dir gerne,
Einlassen kann ich dich nicht;
Ich hab' mich mit einem verschworen,
Keinen andern lieb' ich nicht.

Hast du dich mit einem verschworen,
Keinen andern liebst du nicht,
So reich' mir deine schneeweiße Hand!
Vielleicht erkennst du mich.

Du riechst nach kühler Erde,
Du riechst nach Todtengruft.
Es sind ja achthalb Jahre,
Daß mich mein Jesu ruft'.

Weck' auf bein Vater und Mutter,
Weck' auf beine ganze Freundschaft,
Weck' auf bein Bruber und Schwester!
Die Hochzeit ist bereit.

Dann trägst du ein grünes Kränzchen
Mit rother Seide geziert —
Dies ist die Krone des Lebens,
Die dich zum Himmel führt.

Und wenn es das erste Mal läutet,
So läutet's zur ewigen Ruh',
Und wenn es das zweite Mal läutet,
So läutet's der Seligkeit zu.

———

Joseph und Lina.

Ach Joseph, ja lieber Joseph, was hast du gedacht,
Daß du die schöne Lina in das Unglück gebracht? .

Ach Joseph, ja lieber Joseph, mit der Lina ist's nun aus;
Denn sie wird ja nun geführt zum Richtplatz hinaus.

Der Richter kam gegangen, ein Schwert in seiner
Hand,
Und machte der schönen Lina ihr Unglück bekannt.

Ach Richter, ja lieber Richter, richte scharf und mach
geschwind!
Denn ich will ja gern sterben, daß ich komm' zu
meinem Kind.

Ihr Schwestern und lieben Brüder, die ihr alle um
mich weint,
Trocknet ab eure Thränen, die ihr alle um mich
wein!

4

Ach Joseph, ja lieber Joseph, die Lina ist nun todt.
Gott sei gnädig der theuren Seele, die in Ewigkeit
ruht.

—

Der Ritter und die Magd.

Es spielt' ein Ritter mit einer Magd,
Sie spielten mit einander.

Sie spielten hin, sie spielten her
Bis an den frühen Morgen;
Sie spielten mit einander.

Als nun der helle Tag anbrach,
Fing's Mädchen an zu weinen.

Was weinest du, mein liebes Kind?
Ich will dir alles geben.

Den Reitersknecht, den will ich dir geben,
Dazu fünfhundert Thaler.

Den Reitersknecht, den mag ich nicht,
Wenn ich den Herrn nicht selber krieg'.

Ach Mutter, liebes Mütterlein,
Gieb mir ein finstres Kämmerlein!

Da will ich weinen Tag und Nacht,
Bis sich der Herr erbarmet.

Und es kam um Mitternacht
Des Ritters schwarz zu träumen (?),

Der Ritter sprach zu seinem Knecht?
Sattle mir und dir zwei Pferde!

Wir wollen ja reiten Tag und Nacht,
Bis wir nach Breslau kommen.

Und als sie ein Stückchen geritten waren,
Hören sie die Glocken läuten.

Sie läuten kein Vertrauen nicht,
Sie läuten keiner Taufe,
Sie läuten einer Leiche.

Und als sie ein Stückchen weiter kamen,
Sahen sie die Gräber graben:

Guten Morgen, guten Morgen, ihr Gräbersleut';
Für wen grabt ihr die Grube?

Es ist gestorben eine Magd
Mit ihrem kleinen Sohne,
Die hier noch soll verfaulen.

Und als sie ein Stückchen weiter waren,
Sahen sie die Träger tragen.

4*

Guten Morgen, guten Morgen, ihr Trägersleut',
Setzt ab ihr eure Bahre!

Die Leiche will ich mir beschaun
Mit ihren schwarzbraunen Augen.

Er zog den Schleier vom Gesicht
Und schaut' auf ihre Hände.
Du bist einmal mein Schatz gewest,
Von nun an hat's ein Ende.

Was zog er aus? Ein scharfes Schwert,
Und stach sich in sein Herze.

Ei ist das nicht ein Unglückstag?
Drei Leichen zu begraben?

——

Mißgeschick.

Ich ging' einmal bei der Nacht, Nacht, Nacht;
Die Nacht die war so finster,
Kein Sternlein war zu sehn.

Ich steckt' mich hinter die Thür,
Bis daß die Straße ruhig ward;
Da ging ich wieder herfür.

Es waren der Schwestern dreie;
Die dritte wollt' die feinste sein,
Die ließ mich endlich nein.

Sie führt' mich oben nauf,
Ich dacht', sie wollt' mich schlafen führen,
Zum Fenster schoß sie mich naus.

Ich brach auf einem Stein
Drei Rippelein im Leibelein,
Dazu das linke Bein.

Ich rutsche wieder heim.
Ach gute Mutter, macht mir auf!
Ich komm' auf e i n e m Bein.

Ach Sohn, das ist dir recht.
Wärst du zu Haus geblieben
Wie andre Bauersknecht'!

———

Der Schlossergesell.

Es war einmal ein Schlossergesell,
Ein gar so junges Blut,
Der machte dem jungen Markgrafen sein(em) Weib
Einen Schlüssel von Gold so rot.

Und als der Schlüssel bald fertig war,
Legt er sich nieder und schlief,
Da kam dem jungen Markgrafen sein Weib
Und that so manchen Rief.

Steh auf, steh auf, jung Schlossergesell,
Steh auf, es ist schon Zeit.
. . . .
. . . .

. . . .
Und wenn es der junge Markgraf erführ,
Er jagte uns beide aus dem Land.

Und als den beiden ihr Wille geschah —
Sie meinten, sie wären allein —
Da führte der Geier das Kammerweib hin,
. . . .

Ach Herr, ach Herr, groß Wunder,
Groß Wunder von seinem Weib.
. . . .
. . . .

Ei wenn das wäre wahr,
Gehänget müßt' er sein,

Einen Galgen ließ ich bauen
Von Frankfurt bis an Rhein.

Und als der Galgen voll fertig war,
Da ging es nach Urtheil und Recht!
Da kam ein Bote vom Kaiser heraus,
Sie sollten ihn lassen los.

Und als er losgelassen war,
Schwenkt' er sich auf grünen Rand;
Da kam dem jungen Markgrafen sein Weib
In einem schneeweißen Kleid.

Wohin, wohin, brav Schlossergesell,
Wohin steht dir dein Sinn?
In Frankfurt bin ich gewesen,
Nach Leipzig marschir' ich dahin.

Was zog sie aus ihrer Tasche?
Eine Hand voll Dukaten so roth,
Und gab's dem schwarzen Schlossergesell:
Hier kaufe dir Wein und Brod!

Ist dir der Wein zu sauer,
So kaufe dir Malvasier!
Wenn du das Geld verzehret hast,
Komme wieder . . . .

Bei der Linde.

Wenn ich einst keinen Schatz mehr hab',
Wird sich wohl einer finden;
Ich ging das Gäßchen auf und ab,
Bis zu der Linden.

Und als ich zu der Linde kam,
Da stand mein Schatz darneben:
Grüß dich Gott, herztausender Schatz,
Wo bist du gewesen?

Wo ich gewesen bin,
Das kann ich dir wohl sagen;
Ich bin gewesen in dem fremden Land,
Hab' was neues erfahren.

Was du erfahren hast,
Das kannst du mir wohl sagen?
Ich hab' erfahren eine tausendgute Nacht,
Bei dir zu schlafen.

Bei mir schlafen kannst du wohl,
Ich will dir's nicht wehren.
Aber nur, herztausendster Schatz,
Aber nur in Ehren.

Wächst denn kein grüner Zweig
Mehr auf dieser Erden?
Wenn der Apfelbaum Kirschen trägt*)
Und der Mühlstein selber schlägt,*)
Dann soll Hochzeit werden.

Ein anderes ist bis zum dritten Vers im wesent-
lichen gleichlautend mit dem vorstehenden; von da an
heißt es:

Zwischen Berg und tiefem Thal
Sitzen auch zwei Hasen,
Fressen ab das grüne Gras
Bis auf den Rasen.

Als sie's nun gefressen haben,
Setzen sie sich nieder,
Warten, bis der Jäger kam,
Der schießt sie nieder.

Hast du mir ein(en) Kuß gegeben,
Zwei geb' ich dir wieder;
Einer geht durch Herz und Bein,
Der andre durch alle Glieder.

Lichtenstadt.

---

*) Diese beiden Zeilen in verschiedenen Lesarten.

Angeführt.

Ich ho emol áne hámm geführt,
Bei dáre wollt' ich bleim;
Do stand'n fimfe ob'r sechse bo,
Die wollt'n mich vertreim.
Ich bie e biss'l naufgestieng *)
Un wollt' e biss'l horng.
Des dauert ob'r gor net lang(!),
Do kam b'r liewe Morng,
De Vug'ln war'n alle auf,
De Lárng sange schie (schön)
D'r gute Bursch war ag'führt,
Ehámm (nach Hause) mußt 'r gie.
Do ging ich drim an Bárg'l na
Und faßt m'r 'nn frisch'n Muth,
Dann dacht' ich mir in mein'n Sinn:
Se wárd schie wieb'r gut.

———

Die böse Liebe.

M'r sell sich niemols mit b'r Lieb abgám,
Denn be Lieb bringt maning gunge Kárl im's Lám.
Do hot m'r mei Máb'l 'n Obschied gegám,
Nu náunn ich m'r'sch Lám. :,:

———
*) Diese Zeile auch: Do kroch ich hintern Lob'n na —

Ich hatt' m·r ·mei Mäd·l an's ·Härz·l festgeschloss'n,
Do saht se ze mir, daß se mich net kennt lossen;
Do fihrt se b·r Teif·l zun Gagob (Jacob) senn Hans,
Und bär fihrt sie ze Tanz. :,:

Su giht's, wemm·r be Mädle ze Tanz leßt gih',
Do muß m·r imm·r in Sorng bostih';
Sette Mädle, bie sich obgám mit enn ann·rn sein'
                                    Knächt,
Sette Mädle sei schlächt. :,:

Nu schmeckt m·r ka Äss·n, benn ich ho doch nier Sorng;
Un wenn ich sell árwit·n, bo benk ich: emenbe morng.
Do mecht m·r sich boch ball ze Tub härm,
Ich wár wuhl ball stárbn. :,:

Un wenn ich wár g·storm sei, bo loßt mich begrobn
Un loßt m·r bun Tisch·r e paar Brät·ln oschobn,
Do loßt m·r brei feirige Härz·ln brauf moln,
De ma s' á bezohln. :,:

Un singt m·r á nier be Stárbgeseng:
Hier liegt nu b·r Es·l be Quár un be Leng,
Hot sich bei enn Mäd·l mit·r Lieb ogám,
Ze Dräck muß ·r wárn. :,:

Ursprünglich in Altenburger Mundart von Veit
Räumschüssel (1706).

—·—

Wie die Mädchen sind.

Als ich an einem Sommertag
— Im Wald, im Wald, im Wald —
Im grünen Wald im Schatten lag,
— Im Wald, im Wald, im Wald,
Wo die Büchse knallt und das Echo schallt,
Im Wald, im Wald, im Wald —

Sah ich von fern ein Mädchen stehn,
— Im Wald, im Wald, im Wald —
Die sah ganz unbeschreiblich schön.
— Im Wald, im Wald, im Wald,
Wo die Büchse u. s. w.*)

Und als das Mädchen mich erblickt,
Nahm sie die Flucht in' Wald zurück.

Ich aber eilt' gleich auf sie zu
Und sprach: Mein Kind, was weinest du?

Mein lieber Herr, ich kenn' euch nicht;
Ich schau' ein Mannsbildangesicht.

---

*) Diese Füllung des Verses (Zeile 2, 4, 5 u. 6),
stets wiederholt, scheint man anderwärts nicht zu kennen.
Auch im Erzgebirge wird das Lied in abweichender
Form gesungen.

Denn meine Mutter sagt' es mir,
Ein Mannsbild sei ein wildes Thier.

Mein Kind, glaub' deiner Mutter nicht,
Dieweil sie nicht die Wahrheit spricht.

Denn weil sie ist ein altes Weib,
So hasset sie uns junge Leut.

Mein Herr, wenn das die Wahrheit ist,
So glaub' ich's meiner Mutter nicht.

So setz' er sich, mein lieber Herr,
Zu mir in's Grab ein wenig her!

Da kann man seh'n, wie Mädchen sein;
Sie gebn sich ganz geduldig drein.

Erst stelln sie sich ein wenig dumm,
Dann fallen sie von selber um.

————

Ohne Sorgen.

Wenn ich kein Geld zum Saufen hab', Saufen hab',
Geh' ich in' Wald, schneid Ruthen ab, Ruthen ab,
Geh' ich in' Wald, schneid Ruthen ab.**)

————

**) Die Wiederholungen immer so; das Lied wird
mehr oder weniger dialektisch gefärbt gesungen.

Wenn ich die Ruthen geschnitten hab,
Geh' ich zu Haus, bind' Besen draus:

Wenn ich die Besen gebunden hab,
Geh ich die Straßen auf und ab.

Ihr Gumpf'rn (Jungfern), kauft mir meine Besen ab,
Daß ich brav Geld zum Saufen hab!

Wenn ich kein Geld zum Saufen hab u. s. w.
nach Belieben lange fortgesetzt.

——

Wie der Fink schlägt.

Wenn wir verreisen,
Reisen wir zum schwarzen Thor hinaus;
Schwarzbraunes Mädel,
Du bleibst zu Haus.
    Ei se bink, mei Res'l, bink, bink —
    Unter einer schönen Lind, Lind, Lind
    Saß ein schöner Fink und singt:
    Bink, mei Res'l, bink.

Wenn wir einkehren,
Kehrn wir beim schwarzen Adler ein;

Schwarzbraunes Mädel,
Du schenkst uns ein.
　　Ei se bink u. s. w.

Im Rosengarten
Ja ja, da wollen wir
Auf einander warten,
Auf ein Glas Bier.
　　Ei se bink u. s. w.

Das Jägermädchen,
Sie trägt ein grünes Kleid,
Weil wir sie lieben
Zum Zeitvertreib.
　　Ei se bink u. s. w.

———

Tabaklied.*)

Towak, Towak, du edles Kraut,
Wer dich gepflanzet hat,
Hat wohlgebaut.

---

*) Dies ist die volksthümliche Benennung dieses
schwer zu charakterisirenden Liedes; eigenthümlich ist auch
die dialektische Färbung.

Die Bergleut' die sein hübsch,
Die sein hübsch und frei;
Sie graben das Silbererz
Aus Fels und Stein.

Der eine gräbt das Silber,
Der andre das Gold;
Den schwarzbraunen Mädichen
Wohl in den Städtichen,
Den sein sie hold.

In Ungerland da ist gut sein,
Da trinken die Mädichen
Wohl in den Städtichen
Muskatenwein.

Wer hat denn nun das Lied erdacht?
Es haben 's drei Bursche
Aus Ungarland gebracht;
Die haben 's gesungen
Zum gute Nacht.

— —

Ein lustger Bub'.

Wer auf'n Gemsberg will,
Das muß e Jäger sei,

Der das Pulver nicht schont
Und das Blei, das Blei.

Wer das Pulver schont
Und das Blei, das Blei,
Der darf auf'm Gemsberg
Haltich nich mehr nei.

Wenn ich lä Geld mehr hob,
Mei Vater giebt mir käns,
Bie ich a lust'ger Bub
Und verdien mir selber äns;

Geh ich 'n Gemsberg nauf,
Weck ich de Mädle auf,
Krieg ich Geld so viel,
Als ich f'n brauch.

———

Galgenhumor.

's ist alles dunkel, 's ist alles trüb,
Dieweil mein Schatz einen andern liebt;
Ich hab geglaubt, sie liebet mich,
Doch aber nein: sie hasset mich.

Was nutzt mich denn ein schöner Garten,
Wenn andre drin spazieren gehn
Und pflücken mir die Röslein ab,
Woran ich meine Freude hab?

Was nutzt mich denn ein schönes Mädchen,
Wenn andre Burschen zur ihr gehn
Und küssen ihr die Schönheit ab,
Woran ich meine Freude hab?

Kirsch und Kümmel hab ich getrunken,
So daß ich kaum mehr stehen kann,
Und wenn ich keinen Schnaps mehr hab,
So legt man mich in's kühle Grab
Und schreibt auf meinen Leichenstein:
Hier ruhet . . . .

———

Der Ranzenmann.

Es wollt' ein Mädchen zum Schneider gehn
Und wollte sich lassen den Rock umnähn.
Die Mutter sagt's ihr gleich:
Daß du nicht lange seist.
Ich werd' nicht lange außen sein,
Ich geb' es gleich zum Fenster nein.

Das Mädchen ging ganz stolz
Bis an das grüne Holz,
Und als sie in den Wald neinkam,
Begegnet ihr ein Ranzenmann;
Der nahm sie bei der Hand
Und führt sie an einen Strand,
Er führt sie ins Gebüsch hinein:
Dort wo wir ganz alleine sein.

Der Ranzenmann war weg,
Das Mädel hatt' einen Dreck.
Nu kaste (kannst du) dir 'nn Ranz'n käf'n
Un kast b'rmiet in b'r Wält rimläf'n.
Kenn Ranz'n käf ich m'r net,
In b'r Wält rim läf ich net;
Do fang ich m'r liew'r enn Klipp'lfack a
Un klipp'l (klöpple), was ich klipp'ln ka.

— — —

Das Haus wird leer.*)

Es wohnte ein Meister bei Frankfurt am Main,
Der hatte Gesellen zu zweien und zu dreien;
Und der eine der sprach: mir ist nicht wohl,
Der zweite war besoffen, der dritte der war voll.

*) Das Lied scheint nicht ganz vollständig zu sein.

Gesellen, Gesellen, es bleibt bei uns verschwiegen,
Wir wollen dem Meister die Arbeit lassen liegen
Und wir wollen ein wenig spazieren gehn
Zum rothen kühlen Wein, bei schönen Mädchen stehn.

Und als wir Gesellen auf Herberg sind gekommen,
Da hat uns der Vater ganz freundlich aufgenommen.
Seid willkommen, seid willkommen, ihr Gesellen mein!
Was wollt ihr essen und trinken, was wollt ihr für
einen Wein?

Wollt ihr einen Rheinischen oder einen Fränkischen?
Denn der Fränkische Wein ist auch ein guter Wein.
Denselben wollen wir trinken und dabei lustig sein.

Ihr Gesellen sollt nach Hause kommen;
Den Abschied sollt ihr haben in einer Viertelstunde.

Und als wir Gesellen nach Hause sind gekommen,
Die Meisterin schaut finster, der Meister der that
brummen:
Ihr scheint mir die rechten Gesellen zu sein
Zum Fressen und zum Saufen, zur Arbeit' hab' ich
kein'.

Da schnallten wir Gesellen das Felleisen auf den
Rücken,
Marschirten wohl über die Frankfurter Brücke,
Da begegnet uns des Meisters Töchterlein:
Ihr Gesellen, wollt' ihr wandern, so bleib' ich nicht
daheim.

———

Leichte Brüderschaft.

Hat mich kein Meister lieb,
So laß er's bleiben;
Wer weiß, wo mich der Wind
Noch wird hintreiben.
   In Luckluck leben wir,
   In Luckluck schweben wir,
   Und wer in Luckluck lebt,
   Der ist mein Bruder.

Mädchen, thu' nicht so stolz!
Hast nichts erfahren,
Hast noch keinen Kreuzer Geld
Für mich ersparet.
   In Luckluck u. s. w.

Hat mich kein Mädchen lieb,
So laß sie 's bleiben;

Wer weiß, ob mir's gefällt,
Bei ihr zu bleiben.
    In Luckluck u. s. w.

Hab' ich keinen Kreuzer Geld
Mehr in den Taschen,
So hab' ich doch Luckluck
In meiner Flaschen. —
    In Luckluck u. s. w.

Treibt mich ein kühler Wind
Aus meinem Lande,
So treibt er mich doch nicht
Aus meinem Stande. —
    In Luckluck u. s. w.

——

Gesellen-Woche.

Am Montag, am Montag
Da muß gefeiert werden,
Und was den Sonntag übrig blieb,
Das muß versoffen werden.
    So muß' sein, so muß' sein,
    Lustig wollen wir alle sein;
    Kurasche Blomasche
    Blam bimbalimbambum.

Am Dienstag, am Dienstag
Da schlafen wir bis halb neune
Da kommt des Meisters Töchterlein
Und bringt ein Gläschen Weine.
. So muß' sein u. s. w.

Am Mittwoch, am Mittwoch
Ist's mitten in der Wochen,
Da hat der Meister Fleisch gefressen,
So frißt er auch die Knochen!

Am Donnerstag, am Donnerstag
Da schlafen wir bis um viere,
Da kommt die schwarze Brüderschaft
Und nimmt uns mit zu Biere.

Am Freitag, am Freitag
Da thun wir den Meister fragen:
Was kriegen wir denn für Wochenlohn?
Das werdet ihr schon erfahren.

Am Sonnabend, am Sonnabend
Da ist die Woch zu Ende,
Und wenn wir unsre Arbeit habn,
So waschen wir uns die Hände.

Am Sonntag, am Sonntag
Da kocht die Meisterin Bohnen,
Und wenn wir sie gegessen habn,
So bekommen wir unsern Lohn.
    So muß sein, so muß sein u. s. w.

———

Das gebirgische Mädchen.

Ich bin e gebirgisches Mäd'l,
Ka klipp'ln un halt imm'r rächt gut,
Do halt ich benn Klipp'l mei Fäd'l —
So arm ich bic, hob ich doch Muth. :,:

Árbepp'ln (Kartoffeln) ho iech uff menn Tisch'l,
Ká Schminkele (kein bischen) Butt'r b'rbei,
Doch bie ich gesund wie e Fisch'l
Und breng halt kenn Dokt'r nischt ei.

Ne Sunntig (am Sonntag) bn thu-n ich mich putz'n,
Do heer ich be Predig miet a,
Noch (nachher) gieh-n ich zun Schwäsierle hutz'n
                       (plaudern),
Do guck'n mich alle Leit a.

D's Heiw'l (Häubchen), Kaschet'l (Jäckchen) un Leiw'l
(Leibchen)

Is alles neiwasch'n un schie,
De schwäwisch'n Ärm'l an Leiw'l,
Die ho ich gemang'lt heit frieh.

Un wenn ich ehämm (heim) bie gegange,
Guckt mich 's Schätz'l su sehn'rlich a
Und fregt (fragt) dann oftmals mit Verlange:
He sog m'r'sch (sag mir's) nier, brauchst be kenn Ma?

———

Glückauf!*)

Glückauf! ihr Brüder; ich muß nun fort,
Muß in die Tiefe, wohl vor meinen Ort,
Muß in die Tiefe, muß in den Schacht,
Wo schon so viele haben Schicht gemacht.

Glückauf! den Steigern, den Häuern auch,
Den rufen wir noch ein Glückauf!

———

*) Leider kann ich dieses einzige Bergmannslied der
Sammlung nicht vollständig bieten, indem meine Bemühungen, die übrigen Verse zu erlangen, stets umsonst
waren.

Dann fahrn wir fröhlich die Fahrt hinauf
Und rufen freundlich Glückauf, Glückauf!

Es hat schon mancher eine Schicht gemacht
Und hat gefunden so früh sein Grab.
Dann fährt er fröhlich gen Himmel auf
Und rufet freundlich Glückauf, Glückauf!

———

Der Wilderer.

Jetzt nehm' ich meine Büchse,
Geh hinaus in den Wald,
Und da schieß ich mir ein Hirschlein,
Sei es jung oder sei es alt.

Das Hirschlein ist gefallen,
Hat die Beine ausgestreckt,
Und da kamen drei, vier Jäger,
Die hatten sich im Wald versteckt.

Halt, Bube, halt, Bube, .
Was machst du denn hier?
Deine wunderschöne Büchse,
Die nehmen wir dir.

Meine wunderschöne Büchse,
Die geb' ich euch nicht;
Denn von drei oder vier Jägern
Da fürcht' ich mich nicht.

Und so treib' ich's und so mach' ich's,
Wie's mein Vater hat gemacht;
Denn auf drei oder vier Jäger
Hat er niemals nichts geacht't.

Und so nehm ich meine Feder,
Steck sie oben auf den Hut,
Und den Hundsfott wollen wir sehen,
Der sie mir herunterthut.

Das Klügste.

Das Dorf ist lang, der Dreck ist tief,
Die Bauern gehn auf Stelzen,
Und wenn sie keine Stiefeln haben,
Pantoffeln haben sie selten.

Ich hab' gehört, die Bauersweiber
Haben Tag und Nacht keine Ruh;
Viel lieber will ich mir einen Schuster nehmen
Der macht mir neue Schuh.

Ich hab gehört, die Schustersweiber
Müssen Absätz machen;
Viel lieber will ich mir einen Schneider nehmen,
Der macht mir neue Sachen.

Ich hab gehört, die Schneidersweiber
Müssen so lange sitzen;
Viel lieber will ich mir einen Kaufmann nehmen,
Dann hab ich Band und Spitzen.

Ich hab gehört, die Kaufmannsweiber
Müssen viel verborgen;
Viel lieber will ich mir einen Bergmann nehmen,
Dann leb ich ohne Sorgen.

Ich hab gehört, die Bergmannsweiber
Kriegen viele Kinder;
Viel lieber will ich mir einen Fleischer nehmen,
Dann hab ich Schaf und Rinder.

Ich hab gehört, die Fleischersweiber
Kriegen schmutzge Taschen;
Viel lieber will ich eine Jungfer bleiben,
Dann kann ich Zucker naschen.

Arm und reich.

Wenn einer freien will,
So freit man in der Still.
Ist das Mädchen reich,
Kriegt's einen Mann sogleich;
Ist das Mädchen arm —
O daß diß Gott erbarm! —
Ihr Leben kriegt sie keinen Mann.
Wißt ihr auch warum?
Der Schatz ist auch nicht dumm;
Denn das liebe Geld,
Das regiert die Welt.
Hätt' ich Edelstein,
So wären die schönsten mein;
Denn das Weibergeld
Hat schon oft geprellt.

———

Ehestand.

Das Leben ist ein Würfelspiel:
Bald wirft man wenig und bald viel.

Mit eins fängt sich das Leben an,
Man ißt und trinkt und schläft auch gern.

Bei zwei kommt man schon auf die Bein',
Man springt und hüpft in's Thal hinein.

Bei drei lebt man noch frank und frei,
Man weiß noch nicht, was lieben sei.

Bei vier wird schon etwas gespürt,
Wie man ein junges Weibchen führt.

Bei fünf nimmt man zum Zeitvertreib
Sich ein verliebtes junges Weib.

Bei sechs heißt's schon: Mein lieber Mann,
Schaff' nur etwas zu essen an.

Bei siebn, acht, neun und noch viel mehr
Wird uns der Eh'stand hart und schwer.

Und wenn der Würfel nicht mehr fällt,
Dann heißt es: Gute Nacht o Welt!

Tschumperliedeln (Schnaderhüpfeln).

1.

Ach wenn doch mei Schätz·l
E Ros'nstock weer!
Ich stellt 'n an's Fänst'r,
Bis 'r aufgeblüht weer.

2.

Kam a Mäd·l gegange,
Setzt sich auf mein' Schooß,
Streichelt mir die Wange,
Gab mir einen Kuß.

3.

Und wie blau steht der Himmel,
Und wie leuchten die Stern',
Und wie haben die Bursch'n
Die Mädle so gern! .

4.

Alle Leit' sei mir gut,
Kä Mensch is mir gram,
Worim sell den mei Schätz'l
Kä Freid' amm'r (an mir) ham?

5.

Wenn ich e sei Mäd'l säh,
Denk' ich, 's is mei;
Wenn ich fir'sch Kämmerle kumm',
Leßt miech's net nei.

O du schwarzägete (=äugige) Greth,
Wenn de in mei Härz'l sechst (sähest),
Ließte miech nei,
Ließte miech nei.

6.

Do brim un do brauß'n,
Do flieng drei weiße Taubn,
— dán Schatz, dár mir bestimmt is,
Dár blebbt mir net aus.

7.

Schátz'l, grám diech net,
Ich laß' diech wárlich net;
's kimmt emol be Zeit,
Daß mir wárn e paar Leit'.

8.

Wenn ich an mei Schátz'l denk,
Wack'ln alle Tisch' un Benk',
Tisch' un Benk' un Fánst'rbrát —
Bun menn Schátz'l laß' ich net.

9.

Frisch riw'r, frisch niw'r,
In Bauerhuf nei —
D'r Huf is 'n Bauer,
Un 's Máb'l is mei.

5

10.

E schie Bliem'l in Gart'n,
E Nes'l in Klee —
E Liebste ho ich gehatt,
Die ho ich. nimmeh.

11.

Wos hilft m'r e ruth'r Epp'l (Apfel),
Wenn 'r auß'n steht ruth —
Wos hilft m'r mei Schätz'l,
Wenn 'r ann'rn is gut?

12.

Wos hilft m'r e grien'r Epp'l,
Wenn 'r inne is faul —
Wos hilft m'r mei Schätz'l,
Wenn 'r ann'rn schmatzt 's Maul.

13.

Mei Vat'r hot gesaht, ich sell be Rosa net liebn,
'r will m'r alle Woch'n drei Zwanz'g'r mehr gábn.

I schob (schade) f'r beine Zwanz'g'r, ich ma se net
hobn,
Ich lieb meine Rosá su lang, als ich ka (kann).

14.

Säh ich mein Schatz
Mit andrn Schatz,
So spräng ich gleich mit einem Satz
Wohl in den Bach, wohl in den Strom,
Wohl in das tiefste Meer.

Östl. Erzgeb.

15.

Heit iw'r drei Woch'n,
Do is de Zeit im,
Do heirath' mei Schätz'l,
Ich schär mich nischt drim.

16.

Daß' in Wald finst'r is,
Das macht das Holz;
Daß mei Schatz sauw'r is,
Darauf bie ich stolz.

17.

In d'r Wält is á noch án'r,
Dár mich liebt un hot noch káne,
Dár mich liebt un is m'r gut,
Dár hot einen sanft'n Muth.

5*

18.

Abends bin ich ganz allein
In meinem dunkeln Kämmerlein,
Da fällt mir der Gedanke ein:
Wo sollt mein lieber Emil sein?

19.

Das Börsch'l auf b'r Nachb'rschaft,
Das hot m'r gefalln;
Do durft ich' s net nämme   .
D'r Nachb'rschaft halbn.

20.

Du un bu thust esu,
Wenn de miech emol sist (siehst), emol sist;
Wie ob'r (aber) wärd b'r'sch wärn (werden),
Wenn de miech net krist (kriegst), net krist.

21.

Do dribn uff'n Spitz'n,
Wu de Grien'rtz'n (Kreuzschnäbel) sitz'n,
Wu de Grien'rtz'n flieng,
Dän Schatz muß ich krieng.

22.

Mei Schatz steht schie,
Wie Rosemarie;
Fr tausnd Dukatn
Do gáb ieng (ich ihn) net hie.

Un tausnd Dukatn
Das is e schie Gáld,
Do námm ich mei Schätz'l
Un reis' in be Welt.

23.

Drei ho ich gelibbt,
Wos ho ich b'rou?
Mei Hárz is betribbt (betrübt),
Des ho ich zun Luh (Lohn).

24.

Mei Schatz is in Ungrn,
Un iech in Tirol;
Was sell ich bee traurn?
's gibt m'r ja wohl.

Ich traur kenn Tag,
Ich traur ká Stund,
's gibbt noch schiene Börschle
In Sachsn genung(k).

25.

Drunt'n in Ung'rn is gut wandern,
Drunt'n in Ung'rn wechst d'r Wein,
Kennen wir noch Gesundheit trinken,
Weil wir noch beisammen sein.

Lichtenstadt.

26.

E schie Mäd'l bie ich,
Ruthe Bäckle hob ich,
Ka wasch'n, ka platt'n,
Ka melk'n mei Zieg.

27.

Dos Mäd'l, dos ich howe will,
Dos hat enn krumme Fuß;
Do mach ich ihr a Räd'l na
Un fahr d'rmit noch Mus (Moos).

28.

Zwei Sternlein am Himmel
Die leuchten so hell,
Das eine zum Schätzel,
Das andre leucht' heim.

29.

Wie kaste's (kannst du es) bee mach'n,
Kast miech v'rgäss'n?
Du hast mich die Zeit här
Ball (bald) neigefräss'n —

Ball neigefräss'n,
Mei Härz ogekißt (abgeküßt),
Un ich muß dich doch nämme,
Wenn de noch lecht'r (leichter) bist.

30.

Wie kaste's bee mach'n,
Kast mich v'rloß'n?
Un ich muß b'r'sch nier (nur) song (sagen),
Ich sell täf'n (taufen) loß'n.

31.

Wenn mei Schatz Hochzeit macht,
Hob ich enn trauring Tog,
Setz mich in Winkl nei,
Heil (heule) mich gar sot (satt).

32.

Zu dir bie ich gange,
Zu dir hot mich's gefreit,

Zu dir gieh ich nimmr,
Dr Wág is ze weit;

Dr Wág is ze weit,
Dr Stág is ze schmol —
Zu dir bie ich gange
Alle Woch'n dreimol.

33.

Wenn's aus is, is' aus,
Un ich mach mir nischt draus,
Un do gieh ich mit 'n ann'rn
Schinn (schönen) Börsch'l nach Haus.

34.

Ihr Kárln (Kerle), wenn 'r denkt,
's is aus in d'r Wált,
Su heirath ich e ann'rsch (anderes)
Schie Börsch'l mit Gáld.

35.

Du hast gesaht, de mast (magst) mich net?
Du kast mich gar net krieng;
Du bist m'r gar net schie genung(k),
Ich ka dich á net liebn.

Ich will dir ä e Heis'l baue
Auf einem schön'n Platz,
Da kaft de dich in d'r Wält imschaue
Nach einem and'rn Schatz.

36.

Je höch'r (höher) d'r Thurm.
Deste schenn'r (schöner) 's Geleit (Geläute),
Je weit'r zun Schätz'l,
Deste gress'r de Freid.

37.

Uff de Freit (Freite) bie ich gange,
Bie Lett'rn gestieng;
D'r Wächt'r is kumme,
Ich bie hänge gebliebn.

38.

Mutt'r, back sei Hef'nkließ (=Klöße)
Mei Schätz'l kimmt heit ganz gewieß. —
Kimmt schie unt'n be Wies'n ra,
Hot gewichste Stief'ln a,
Sieht er wie e Eb'lma. —
Sieht v'rbei un sieht net rei,
Ka r'sch ä net gewäs'n sei.

39.

Do dribn un do drauß'n,
Do fieht's efu ruth,
Do ack'rt mei Schäh'l
Mit'n eiferne Pflug(l) —
Wäff net, wie 'r fei Mih'l fell feh'n,
Wäff net, wie 'r fei Peitfch'l fell halt'n;
Ach Bat'r, ach Mutt'r,
Dán Fuhrma bie ich gut.

40.

Frifch iw'r, frifch iw'r, frifch iw'r das Meer,
Do kimmt doch mei luftigs Fuhrmänn'l daher;
Er klatfcht mit 'n Peitfch'l un fchwenkt mit 'n Hut,
Nu bie ich menn Fuhrmänn'l auf's Nei' wiedr gut.

41.

Schau niw'r, fchau riw'r,
Schau iw'r'fch Brick'l!
Wenn käne net kimmt,
Kimmt doch's Frieb'rick'l.

42.

Bei mir is noch kän'r kumme,
Bei mir kimmt noch kän'r fier (vor);

's muß e rächt'r schien'r kumme,
Där rächt tanz'n la mit mir.

43.

Ei du liebe Sonneblume,
Du hast mir mei Härz genumme;
Du liegst mir in mein'r Haut,
Wie de Wurscht in Sau'rkraut,
Du liegst mir in mein'n Sinn
Wie e Bind'l Häck'rling.

44.

Schätz'l, wenn de iw'r'sch Brick'l gißt (gehst),
Thu sei net trink'n;
Wenn de mei Schätz'l sißt (siehst),
Thu auf ihn wink'n!

Wink' auf ihn, schrei auf ihn,
Thu auf ihn lach'n!
Mutt'r, wenn mei Schätz'l kimmt,
Wie sell ich's mach'n?

45.

Mei Schatz steht schie,
Hot ruthe Back'n —
Wenn's Fuhrwärk net giht,
Giht's Reißighack'n.

46.

Mei Schätz'l is in Grabn gefalln,
Ich ho ner heern flump'n;
Wenn ich weer net zugesprunge,
Weer 'r á ertrunk'n.

47.

Wenn d'r Manb'n schie scheint,
Un be Stärne blitz'n,
Do sáh ich mei Schätz'l
An Fenst'r sitz'n.

Schätz'l, hoho!
Bleib nier noch e biß'l do!
D'r Manb'n scheint schie,
Kast á noch ehámm giß.

48.

Hopp, Schätz'l, stuß dich net!
Dort liegt e Stá bei d'r Eck;
Aufrichtig bist be net,
Ich ma dich net.

49.

Dorn und Distel stechen sehr,
Falsche Liebe noch viel mehr;

Viel lieber will ich auf Dornen gehn,
Als bei falschen Burschen stehn.

50.

Mei Schätz'l is bies (böse) mit mir,
Ich wäss net, wofier, wofier;
's wärd sich schie wied'r
Vereining mit mir.

51.

Do drim auf'n Spitz'n,
Wu de Kiewitz'n sitz'n,
Wu de Kiewitz'n sei,
Do kimmt mei Schatz rei.

52.

Eisenbah, Eisenbah,
Lokomativ,
Wenn de mei Schätz'l sist,
Gibbst 'n dän Brief.

53.

Schätz'l im deinetwäng
Is noch net aus, net aus;
Du bist be schennste net,
Hast á lá Haus.

Ich hob noch kenn Brief,
A noch kenn Gruß;
Ich hob á noch net gedacht,
Daß ich dich hobn muß.

54.

Daß in Wald finst·r is,
Das mach·n be Bám —
Wár e schiens Schátz·l hot,
Dár siehrt's ehámin.

55.

Den ich so gerne hätt,
Der ist ja weit weg,
Un ben ich gar net mag,
Den seh—n ich alle Tag.

Kenn schinn bán krieg ich net,
Kenn garschting mag ich net
Und ledig bleib ich net:
Was fang ich a?

56.

Ruthe Báckle, blaue Aigle
Un e Griw·l im Kinn,
Un das hat ja mei Schátz·l,
Dem ich so gut bin.

Un je still'r de Nacht
Un je häll'r de Stern
Un je heimlich'r de Lieb,
Deste mehr hab ich's gern.

Un de bift schie (schon) mei Schätz'l,
Ob'r (aber) song darfst de's net:
Wenn's de Leit ámol wiff'n,
Dann komme m'r in's Gered.

Un e biffele Lieb
Un e biffele Trei
Un e biffele Falschheit
Is allemol d'rbei.

55.

Du ros'nroths Börsch'l,
Du Himm'lschliff'l,
Bei dir mecht ich sitz'n
Alle Tag e biff'l.

56.

Wenn ich schie denk, schie denk,
Ich will d'r gut sei, gut sei,
Fällt m'r mei alt'r Schatz
A wied'r ei.

57.

Mei Schätz'l is lang(k).
Unb fiehrt enn schinn Gang(k)
Un lehrt oft bei m'r ei,
Wart' ow'r net lang(k).

58.

Mei Schatz steht ruß'nruth,
Dár Farb dár bie ich gut;
Seech (sähe) ás net ruß'nruth,
Weer ienge (ich ihm) net gut.

59.

Annemarie,
Wu gist be bee hie?
Imm'r noch Sachs'n nei,
Wu be Husar'n sei.
Ei ei Lumperei,
Annemarei.

60.

Uff be Freit bie ich gange
In Reng un in Wind;
Zu bir gieh ich nimm'r,
Du lieb'rlichs Ding(k).

61.

Aff de Freit bie ich gange,
's ganze Dorf naus,
Von án'r z'r ann'rn —
Hot káne lá Haus.

62.

Wenn alle Leit denk'n,
Ich lieg in menn Bett,
Do sitz ich bein Schätz'l,
Do schleff'rt mich net.

63.

Wenn alle Leit denk'n,
Ich lieg un schlof aus,
Do laß ich mei Schätz'l
Z'r Hint'rthier naus —

Z'r Hint'rthier naus,
Z'r vöb'rn rei;
Do werd m'r mei Schätz'l
Noch emol esu gut sei.

64.

Es ist ein Häuslein gebaut, gebaut,
Mit Haberstroh bedeckt, bedeckt,

Unb unter bem Brückel liegt Haberstroh,
Unb unter bem Brückel liegt Heu —
Unb wenn mich mei Schätzel net haben will,
So weiß ich schon wieder zwei, brei.

65.

Du benkst, be krenkst miech,
Krenkst ob'r nier diech;
Wie werd bich's net krenk'n,
Wenn be miech net kriegst.

Wenn be mich net krist, net krist,
Do is schie aus:
Du bist ber schennste net,
Hast á ká Haus,

Ká Haus un ká Gálb,
Ká Wies' un ká Fáld —
Sette Börschle, wie bu bist,
Gibbt's genung(t) in b'r Wált.

66.

Wenn's auf'm Markt lait'n thut,
Freit sich ber Platz —
Ich wünsch b'r vieles Glück
Zu beinem Schatz.

67.

Is kánr ká Mill'r,
Is kánr ká Beck (Bäcker),
Hot kánr Kurasche,
Dár 's Máb'l aufweckt?

68.

's is wieb'r emol aus
Un werd wieb'r agih —
De Gumpf'rn sei garschtig,
De Börschle sei schie.

69.

Juk juk ich bin ká Máb'l,
Juk juk ich bin ká Buc,
Juk juk ich thu net heiren,
Juk juk ich bleib esu.

Lichtenstadt.

70.

Juk juk ich sitz am Reiß'g,
Juk juk ich sitz am Baum,
Juk juk ich bau m'r e Heis'l,
Juk juk m'r heiren zamm.

Lichtenstadt.

71.

Denkst du denn, ich ärgre mich
Und daß ich mich neide?
Wenn mein Schatz eine andre liebt,
Das ist meine Freude.

72.

Denkst be dee, ich grám mich,
Weil ich diech net krieg?
Ich bie noch gung(?) un ledig
Un schár mich viel im diech.

73.

Denkst du denn, du Naseweis,
Daß ich mich viel um dich zerreiß?
Ich dreh mich um und lach dich aus
Und such mir derweil eine andre aus.

74.

Máb·l, denkst, be sist schie?
Bilb du b·r·sch nier ei.
Vielleicht wird bei Schiesei
Dei Ausstatting sei.

75.

Máb·l, denkst, be sist schie?
's is ob·r net wahr:

Haft greiliche Back'n
Un rethliche Haar.

76.

Mäb'l, wos hot b'r bei Freier gesaht,
Wie er is gange von bir?
Hot er gesaht: Wenn ich tä schennere krieg,
Kumm ich halt wieb'r ze bir.

Mäb'l, was haste b'rzu gesaht,
Wie be bas Ding haft geheert?
Ho ich gesaht: . . . . . .
Bist gar mein'r net werth.

77.

Aff be Freit bie ich gange
Z'r Nachb'rschhanne;
Die hot e paar Bä
Wie be Waff'rkanne.

·78.

'8 war an'r b'rbei,
Dár hot esu geprahlt,
De ganze Nacht mit sein'r Libbst'n getanzt
Un kenn Häll'r bezahlt.

79.

Du denkst, be sist schie?
Bild bu o'r'sch nier ei;
Káf b'r enn Spieg'l,
Reck bei Gesicht nei!

80.

Denkst be bec, bu olb·rsch (albernes) Máb·l,
Denkst be bee, ich bie b·r gut?
Daß ich dich heirathen sollte,
Das ist lauter Wankelmuth.

81:

Je höher das Wasser,
Je frischer bie Fisch —
Je weiter zum Schätzel,
Je lieber mir's is.

82.

Du alt·r Grußthuer,
Du alt·r Prahler,
Du lachst be Leit aus,
Hast sálw·r (selbst) tá Haus.

83.

Saulud·r, wár thut b·rsch,
Wenn iech b·r'sch net thu,

Wár putzt b'r be Stief'ln,
Wár schmiert b'r be Schuh?

84.

Heit is nix zum Pflanzenstecken,
Denn es geht der Wind net recht;
Morng is nix zum Walzertanzen,
Denn mir dreht sich's Bein net recht.

Lichtenstadt.

85.

Su schie wie du bist,
Su schie bie ich á;
Su viel als du hast,
Su viel hob ich á.

Was hilft m'r bei Schiesei,
Was hilft m'r bei Hobn?
Ich ka b'r net gut sei,
Ich ma dich net hobn.

86.

Mäd'l, steck Pflanz'n in's Kraut,
Iw'r'sch Gahr werschte Braut.
Pflanz'n in's Kraut steck ich net,
Ich bie noch gung(k) und heirath net.

Bist de gung(k) un heirothst net,
Bie ich stolz un namm dich net.

87.

Das Beer is gout;
Wer's trinken thout,
Den darf sei Geld net reie —
Wer so e schwarzbrauns Mädel haben will,
Der muß drum freie.
Un bist du mal mein Schatz gewest,
So kannst du's wohl wieder werben.

Lichtenstadt.

88.

Gieh du nier hie,
Wu du gewäs'n bist;
Ich ka alläne gih,
Wenn du á net bei m'r bist.

89.

Dein versl . . . . . falsches Lieben
Bei der Nacht, wenn's finster ist;
Bei Tag willst du dich meiner schämen —
Solche Liebschaft brauch ich nicht.

90.

Dár mit'n schwarz'n Frack,
Dár hot ká Gáld in Sack;
Dán mit'n rund'n Hut,
Dán bie ich gut.

91.

Heinerich, lieber Heinerich,
Wie sieht's mit dir aus?
Die Stiefeln sind zerissen,
Das Hemde guckt heraus.

Dort oben auf dem Bergel
Da schwingt er seinen Hut.
Adie, mein lieber Heinerich,
Ich wünsch dir guten Muth.

92.

Solche Börschle, wie ihr seid,
Da gibbt's ere viel;
Denn sie wachsen in Halle,
Wie die Schweine im Stalle.

Solche Mädchen, wie wir sind,
Da gibbt's ere net viel;

Denn sie wachsen in Sachsen,
Wie die Rosen im Garten.

Dazu auch:
Und wer ein solches Börschchen will habn,
Der muß ja den Kaffee in's Bettchen neintrang,
Den Kaffee in's Bettchen, den Zucker in's Maul —
Darum sein ja die Elterleiner Börschchen so faul.

93.

Die Alterlin'r (Elterleiner) Börschle
Hamm schiene Gesicht'r,
Das mach'n die seidene
Franz'ntüch'r.

94.

Steig nauf uff'n Bäm,
Säh runt'r in Brunn —
De Alt'rlin'r Mäble
Sei alle su dumm.

95.

In b'r Ritt'rschgrie (Rittersgrün)
Sänne (sehen) be Mäd net schie,
Hann se gruße Krepp
Wie be Klipp'lseck.

96.

Ich ging emol noch Zwicke (Zwickau),
Begengt mir e Dicke,
Die hatt e paar Back'n
Wie de Krauthät (Krauthäupter).

97.

Dib'lbib'lbeentz,
Ich gih emol in be Zweentz (Zwönitz),
Do käf ich mir e Häck'l
Un bir e Dräck'l.

98.

Ihr Schwarzbech'r Mäb
Trogt Sunnefech'r,
Ihr sätt (sehet) esu schwarz
Wie de Ufnlech'r.

99.

In Langebärg(k)
Is' Klipp'lwärk;
Wenn se welln be Bort'n (Spitzen) mäss'n,
Hann se schie be Ehl v'rfräss'n.

100.

In b'r Waschleit
Hamm se gute Zeit:

Wenn se Häwr dräsch'n,
Hamm se Brud ze fräss'n;
Wenn se ausrihrn,
Kenne se Buttr schmiern.

101.

Ich ging emol nach Breitenbrunn,
Scheinet noch kä liebe Sunn,
Kam ich an e Bäch'nhaus,
Guckt e klän'r Bärg(l)ma raus.

Wenn be willst kä Bärg(l)ma wärn,
Mußt dich vun dr Bäch wäg(l)schärn.
Bächwäg(l)schärn is mei Läm,
(Brauch ich á kä Bärg(l)ma ze wärn.)

102.

Ich un mei altes Weib
Könne brav tanz'n,
Sie nimmt ne Bätt'lsok
Un iech ne Ranz'n,
Sie giebt nach Herm'rschdorf
Un iech nach Geyer,
Sie nimmt be Stickle Brud
Un ich be Dreier.

103.

Mei Schatz is e Bärg(l)ma,
Fehrt alle Tog a;
's werd net lang bau'rn,
Noch'r is'r mei Ma.

104.

Mei Schatz is e Schust'r,
E Absatzpapp'r,
E lustiges Lud'r,
E Mäd·lsopp'r.

105.

Mei Schatz is e Schneid'r.
Macht schene Spenst'r,
Wenn ich v'rbeigih,
Sitzt er an Fenst'r.

106.

Mei Schatz is e Schmied,
E Eis·nklopp'r,
E lustiges Lud'r,
E Mäd·lsopp'r.

107.

Mei Schatz is e Wáw'r,
E Schitzleschiew'r,
E lustiges Lub'r,
E Máb-lliew'r.

108.

Mei Schátz'l is lang,
Er siehrt enn schinn Gang,
Enn grinn Rock hot'r a,
Mei Freib hob ich bra.

109.

Wenn's Wág'l su rump·lt
Un s' Peitsch'l su klatscht,
Do denk ich mei Schátz'l
Is á schie zeplatzt.

110.

Máb'l, thu mich liebn,
Ich bie e Schneid'r,
Kann b'r Kleib'r machen
Unb viel anbre Sachen;
Ist der Leib' zu klein,
Setzen m'r Theilchen ein —

Mäd'l, heirath mich,
Dann bist du mein.

Mäd'l, thu mich liebn,
Ich bie e Schust'r,
Kann dir Schuhe machen
Und viel andre Sachen;
Ist der Schuh zu klein,
Treib'n m'r enn Leisten nein —
Mäd'l, heirath mich,
Dann bist du mein.

111.

Bäuerlein, Bäuerlein tik tik tak,
Hast ein' groß'n Haw'rsack,
Hast viel Weiz'n und viel Kern;
Bäuerlein, ich hab dich gern.

Bäuerlein, Bäuerlein tik tik tak,
Ei wie ist denn der Geschmack
Von dem Korn und von dem Kern,
Daß ich's unterscheib'n lern.

112.

Drei Riedle, drei Rädle,
Drei Hamm'rschmiedmädle —

Wán willst de bee hobn?
Ne Paft'r fenn Sohn.
Dán lafte net krieng,
Ne Paft'r=Martin.

113.

Do bribn un do brauß'n,
Do fieht's efu grie,
Do fei e paar Mádle,
Thunne Dift'ln auszieh.

114.

Red m'r net vun alt'n Männ'rn!
Ich bie fruh, daß ich fenn hob;
Do frei ich mir e gunges Börfch'l,
Wu ich meine Freid dra hob.

115.

Do bribn un do brauß'n,
Do ftiht e nei Haus,
Do fehrt m'r mei Vat'r
Menn Kam'rwong*) naus.

Un enn fchimmlig'n Ochs
Un e tfchálete Kuh,

---

*) Den Wagen, der die Brautausftattung trägt.

Die gibbt m'r mei Bat'r,
Wenn ich heiroth'n thu.

Un gibbt 'r m'r'sch net,
Su heiroth ich net
Un mach å menn Bat'r
De Arwit net.

116.

Måd'l, wos song dee deine Leit,
Daß dich das Liebn su freit?
Ei wos frog ich d'rnoch —
Sing ich ne ganz'n Tog,
Sing ich: O Schreib'rle, mei Bub,
Gibbt m'r kå Mensch nischt d'rzu.

117.

Måd'l, heiroth net ze frieh,
Steckst dich nei in Sorg un Mieh,
Sorg un Mieh un Ugelångheit;
Lern ein wenig Heflichkeit.

Wenn die Bursch'n dich lach'n an,
Denke nicht, sie wollen dich habn!
Denn sie sind voll falsch'r List,
Gebn gut Wort und halt'n's nicht.

6

Preiß·lbeer un Zuck·r dra,
Lád·n de Börschle alle na;
Wenn se hett·n ihr Lád·n gelass·n,
Kennt·n se heit noch Börschle hääß·n,

118.

Ei wárn ás de Leit net guck·n,
Wemm·r morng wárn aufgebut·n,
Ei wárn ás de Leit net lach·n,
Wemm·r morng wárn Hochzeit mach·n.

119.

Als ich noch ledig bin gewes·n,
Ist mir's viel anders gewes·n;
Da ich verheirathet bin,
Ist alles hin.

120.

Rebinsele, Rebinsele
Sei Summ·r un Wint·r grie,
Un wenn de Gumf·rn Weiw·r wárn,
Do sei se nimm·r schie.

121.

Wos sell m·r dee nier singe,
Wemm·r nischt meh ka —

E Stub vull kläne Kinn'r,
D'rzu enn alt'n Ma;

Die Kinn'r bie sei luſtig,
D'r alte Ma is táb (taub),
Un wemm'r'n Ma noch Zwiew'ln ſchickt,
Su brengt 'r en Sok vull Láb (Laub).

122.

Hoſte de menn Ma net geſáh,
Dos beſoffne Lub'r?
Hot e ſchwarzbrau Reck'l a
Un's Haar gepub'rt.

123.

Alle ſchwarzen Brüder,
Sie machen's ſo wie ich und du:
Sie legen ſich beſoffen nieder,
Stehen auf und ſaufen wieder.

124.

Auguſt Friedrich, du biſt lieberlich,
Hoſt bei Gáld v'rſoff'n;
Hett'ſt de's bein'r Gumf'r gábn,
Hett'ſt be was ze hoff'n.

125.

Ich bie lieberlich gewäſ'n,
Ho's Gälb v'rſoff'n;
's gibt niemand was a,
's hot mich betroff'n.

126.

Do ſell ich bleibn, dort ſell ich bleibn,
Sell mein'r Mutt'r be Arbepp'ln reibn;
Do bleib' ich net, dort bleib' ich net,
Reib mein'r Mutt'r be Arbepp'ln net.

127.

Sauerkraut un Ribn (Rüben)
Hamm mich vertriebn;
Hett mei Mutt'r Fläſch gekocht,
Weer ich bei 'r gebliebn.

128.

Hinr Richters Schupn
Do gibts luſtig zu,
Do tanzen a por pulſche Uchſn
Mit enr pulſchen Kuh.

Öſtl. Erzgeb.

129.

Wenn de Kirm's is, wenn be Kirm's is,
Do schlacht' mei Vat'r en Bock,
Do tanzt mei Mutt'r, bo tanzt mei Mutt'r,
Do wack'lt 'r b'r Rock.

Beim sogen. Kuchensingen.

130.

Dreimal, dreimal um das Haus —
Gebbt m'r e Stick'l Kung raus;
Is der Kung neg geroth'n,
Gebbt mir e Stick'l Schweinebrot'n.

131.

Hier reck ich mein' Spieß
Iw'rn Herrn sein Tiesch;
Is b'r Herr e gut'r Ma,
Steckt 'r mir e Kräpp'l na.

132.

Hiwele Gowele schickt mich här,
Selln m'r wos ze äff'n gäm,
Net ze gruß un net ze klä,
Wie e klän'r Mihlstä.

* * *

133.

Kurz, un dick
Is Bauerngschick,
Lang un zeitlauf
Is Edlmannsgang.

134.

Do dribn un do drauß'n
Wu d'r Fink esu singt,
To tanzt d'r Herr Pastr,
Daß d'r Kitt·l rimspringt.

135.

Pfarrersch Techt'r,
Mill'rsch Kih —
Wenn's gereth,
Is gutes Vieh.

136.

Heischreck'n, Fläd'rmeis',
Abbekat·n, Filzlais' —
Wu die nämme üwrhand,
Die verzehrn e ganz Land.

137.

Konstantin in Uf'nloch
Hot gebät't de ganze Woch,
Er dacht, er wollt in Himm'l kumme —
Hot'n sei Vat'r net mietgenumme.

Do is 'r nauf uff'n Bám gestieng,
Er dacht, er wollt e Mäd'l krieng —
Un bán garschting Mäd'l halbn
Is 'r ro in Dráck gefalln.

Tanzliedchen.

(Das sind Texte zu bestimmten einzelnen Tanzmelodien.)

138.

Omds im neine
Tanz'n de Zwäck'nschmied,
Omds im neine
Tanz'n de Schmied.
Is d'r Schmied noch so klein,
Macht er seine Arbeit fein —
Omds im neine
Tanz'n de Schmied.

139.

Meine Mitz is weg, meine Mitz is weg,
Wo Teufel ist sie hin?
Nach Modewitz, nach Modewitz,
Wo alle Mitzen sin.
Muß ich gleich nach Dresden laufen,
Muß ich mir 'ne andre kaufen.

140.

Sauf, Brud'r, sauf!
E Thal'r gibt heit drauf.
Morng wolln m'r de Leit betrieng,
Daß m'r 'n Thal'r wiederkrieng.
Sauf, Brud'r, sauf!
Heit gieht e Thal'r drauf.

141.

De Lott is tubt, de Lott is tubt,
Drauß'n liegt s' in Stiw'l (Küchenstube),
Un wemm'r sogt, be Lott is tubt,
Do nimmt sie's á noch iw'l.

142.

Gehst de mit'n Karl,
Tanze mit'n Karl

Bis nach Schweinau.
Und als ich nach Schweinau kam,
De Auguste gleich den Karl wegnahm.
Gehst de mit'n Karl,
Tanze mit'n Karl
Bis nach Schweinau.

143.

Dár, dár, dár mit'n schwarz'n Frack, schwarz'n Frack,
Dár, dár, dár hot tá Gáld in Sack, Gáld in Sack;
Tán, bán, bán mit'n runb'n Hut, runb'n Hut,
Dán, bán, bán bie ich gut.

144.

Satt (seht) nier emol bie Sackmitz a,
Wie die Sackmitz tanz'n ta!
Sackmitz hie, Sackmitz hár,
Sackmitz is e Zauf'lbár.

145.

Gute Nacht, gute Nacht, liebe Hannedorothee,
Gute Nacht, gute Nacht, schlaf wohl!
Ja so ein Schätzchen, wie du bist,
Das wünsch ich mir zum heilgen Christ.

Gute Nacht, gute Nacht, liebe Hannedorothee,
Gute Nacht, gute Nacht, schlaf wohl!

Der Vogelstellertanz.

146.

Ich trete hier und trapp, trapp, trapp,
Ich trete hier und klatsch, klatsch, klatsch.
Herschte's (hörst du's) du, ich sog d'r'sch sei,
Laß' dich mit kenn ann'rn ei!

Anhang.

Heirathsorakel.

147.

Das Mädchen horcht in's Hühnerhaus und spricht für sich:
Gack'rt d'r Hah,
Krieg ich en Ma;
Gack'rt de Henn,
Krieg ich kenn.

148.

Sie rüttelt an einem Erbzaun:
Erbzäunlein, ich rüttle dich
Feines Liebchen, ich bitte dich,

Du wollest mir lassen e Wind·l wehn,
 e Hähn·l krehn,
 e Hind·l beiln,
Wo mei Herzallerliebster mag weiln.

149.

Wenn sie schlafen geht:
Pees mees (deus meus),
Lieber Sankt Anderees,
Ich bitte dich, du wollest mir lassen erscheinen
Den Herzallerliebsten meinen,
Wie er steht, wie er geht,
Wie er mit mir vorm Altar steht.
Is's e Reich'r, kimmt er geritt'n,
Is's e Arm'r, kimmt er geschritt'n,
Schenkt er Bier und Wein,
Schenkt er mir auch ein Gläschen ein.

Kinderlieder und Kinderspiele.

Wiegenlieder.

1.

Heie buffause, was niffelt in Struh?
's fei de liebn Gensle, die hamm kane Schuh;
D'r Schuft'r hot Ladr, kenn Leift'n d'rzu,
Wie miff'n die arme Wulegensle gethu?

2.

Schlof Kind, fei lange!
Dei Bat'r is waggange;
Er will lang(t) auß'n fei,
Sollst du d'rweil e guts Gungele (Madele) fei.

3.

Sause liebe Kroh (Krähe),
Schmeiß menn Gung'l (Mad'l) e Stick Zuck'r ro!

Zuck'r, Rosining un Mand'lkärn,
Dos ißt mei Gungele gar ze gärn.

4.

Schlof, Kind, wuhle!
M'r schick'n dich in be Schule.
Wos lernst be drinne?
Schreibn, lesen, báten, schic singe,
Schreibn, lesen, báten un alle das Gut,
Das menn Kind von neth'n thut.

5.

Schlaf, Kind, in deiner Wieng!
Rath, wer wird benn bei b'r lieng?
Alle die lieben Engelein
Werden beine Wächter sein.
Schlaf bald ein!

6.

Schlof, Kind, wuhle,
Bis dich b'r liewe Gott wird hule.
Hult 'r dich in Ros'ngart'n,
Derf'n m'r dich nimm'r trong un wart'n.

7.

Schlof, Kind, ich will b'r schie singe,
Ich will b'r bei Bett'l rächt huch aufschwinge,

Ich will d'r'sch huch aufbett'n,
Sell dich niemand aufweck'n.

8.

Heie bu heie,
Morng, will's Gott, werd's schneie,
's werd en gruß'n Wint'r mach'n;
Wär käne Schuh hot, werd á net lach'n.

9.

Hetsche bu hetsche,
M'r kriegen fremde Gäste;
Die Gäste, die da kommen rein,
Werden dem Kind seine Vettern und Muhmen sein.

10.

Schlaf, Kind, schlaf!
Im Garten sind zwei Schaf,
Ein schwarzes und ein weißes,
Und wenn das Kind nicht schlafen thut,
So kommen sie rein und beißen es.
Beiß immer zu, beiß immer zu!
Mei Kind das will kein gut mehr thu.

11.

Heie bussause,
Mei Kind will net schweing,

Wenn m'r ne gebn drei Manle (Mandeln) Ohrfeing,
Drei Manle Ohrfeing un zwee Dutz'nd Koppstieß,
Noch'r schleft mei Kinn'l noch emol esu sieß.

12.

Busch busch Bett'lma,
Hast en zerrissene Fätz'r a;
Zieh ne aus, zieh en ann'rn a,
Bist de e schien'r Bett'lma.

13.

Butz, butz Hiehn'rbá,
De alt'n Mäd sei iw'rla;
Sitz'n in b'r Hell*) un brumme,
Will á kän'r kumme.

Allerhand Lieder und Reime
aus der Kinderwelt.

1.

Beim Zusammenschlagen der Händchen.

Batsche, batsche Kuch'l,
Mehl in e Tug'l (Tiegel),

---

*) De Hell (Hölle) ist ein verhängter Raum zwischen
dem Ofen und einer Wand und hat die Bedeutung des
Schmollwinkels.

Buttr in e Pfännele —
Backt mei Hansl Semmele.

2.

Eins, zwei, drei,
Bicke Backerei
Bicke backe Habrstruh,
Sterbt mei Muttr, is dr Votr fruh,
Giht mei Muttr zu dr Hausthür naus,
Sucht sch mei Votr enc annre raus.

Östl. Erzg.

3.

Wenn man das Kind kitzelt.

's kimmt e Meisl,
Kreicht ins Heisl;
Wos werds suchn?
Kas obr Kuchn.

Östl. Erzg.

4.

Eisenaufschlagen.

Wolln mr ne Pfärdl e Eisn aufschlang;
Wieviel soll's Nägel habn?
1, 2, 3 u. s. w.
Hamm'r ein ze viel geschlang,
Miss'n mr 'n wiedr rausgrabn.

* * *

5.

Wenn man das Kind auf dem Knie schaukelt.

Ketsche ketsche Reit'r,
Heit wolln m'r weit'r,
Wu de gruß'n Bau'rn sitz'n
Mit'n weiß'n Zipp'lmitz'n,
Die de schinn Techt'r hobn,
Die de weiß'n Schirz'n trong,
Die 's Gäld in Viert'ln mäss'n
Un 'n Quark mit Leff'ln fräss'n.

6.

Reit reit reit
M'r miss'n heit noch weit,
M'r miss'n heit noch Wies'nthol,
Faule Mäd gibbt's iwerol.

7.

Reit'r zun Pfär,
D'r Satt'l is leer;
Mecht ich nier wiss'n,
Wu 's Reit'rl hie weer.
Dort sitzt's uff'n Spitz'l
Un flickt sich sei Mitz'l;
Wenn ich nier ä d'rbei weer!

*   *   *

8.

Hemmbeng'l,
Zuck'rfteng'l,
Syrupfiez*),
Dei Mutt'r fieht's.

9.

Marie, Marie, Mariechen,
Du haft ein fchneeweiß Hembchen an,
Es geht dir bis an's Kniechen.
Marie, Marie, Mariechen!

10.

Tanze, Puppl, tanze,
Wos tuftn deine Schuh?
Laß Puppl immr tanzn,
Du gibft 'n nifcht drzu.

Öftl. Erzg.

11.

. Wenn das Kind weint.

Lingl lingl leie,
Zeppl in en Dreie,
Brubl im en Grufchn,
Dr Millr is drfchuffn.

Öftl. Erzg.

---

*) Ein Fiez ift eine geftrichene Brotfchnitte.

12

Grußmutt'r trällele,
Gäbb m'r fufze Pfengele.
Fufze Pfengele hob ich net,
Schind'rwärg'l, plog mich net!

13.

Ich wäß e schie Lieb'l,
Das giht bis nim zun Schmied'l(*),
Giht bein Schmied'l 's Trepp'l na —
D'r Schmied'l bär wäff á b'rva.

14.
Auf einen Beerdieb.

Hopp hopp hole Geier,
De Stach'lbeer sei thei'r,
Worim selln se bee net thei'r wärn,
N. N. is briw'r geláng.

15.
Aus der Schule.

a b c
De Katz läift in Schnee,
D'r Hund hint'rbrei,
Falln se mit enann'r in Arbepp'lbrei.

---

*) Ist Eigenname.

16.

a b ab
Mei Schubsack,
i n in
's is nischt drin,
u m um
's werd schu wiedr wos nein kum.

Östl. Erzg.

17.

Herr Rekt'r,
Wo steckt 'r?
In Kämmerle,
Frißt Semmele!

18.

Was die heimkehrenden Beerleute singen.

Ehre ehre
Ich halt mein Topp voll Beere,
Ich hab sie alle ausgegessen,
Hab mein Vater un Mutter vergessen,
Den Topp hab ich zerbrochen;
Worin soll ich denn kochen?
In Ofentopp, in Ofentopp,
D'r Schneider is e Ziegenbock. Mkl.

19.

Grol, grol, grol,
Mei Tup is leer,
Mei Maul is vull,
Vull Heeblbeer!

Öſtl. Erzg.

20.

Diew'l biew'l beer
Ich ho menn Tup vull Beer,
Un wär ſenn Tup net vull'r hot,
Dár is e faule Mär.

21.

Beim Pfeifenklopfen.

Kloppe kloppe Pfeif'l
Hol dich der Teif'l!
Leift de Katz ne Bärg'l na;
Wie ſe wieb'r run'r kam,
Hatt ſe e ruth Kaſcheet'l (Jäckchen) a.
Sell mei Pfeif'l fertig fertig ſei ſei ſei ſei ſei.

22.

Echorufen.

Guguk!
Wu biſt?
In Buſch.

Wos hust?
En Frusch.
Gib mirn!
..... birn!

Hstl. Erzg.

23.

Gutn Tok, Poth,
Is den deine Mitze grob?
Gutn Tok, Poth,
Deine Mitz is grob!

Hstl. Erzg.

24.

Die Kinder zerreiben die Blüthe des Johanniskrauts
(volksthümlich „Bettstroh" genannt) an weißem Zeug und
sehen die sich ergebende Farbe (roth oder grau) als
Orakelspruch an.

Marie Bettstruh —
Bist m'r gut,
Gibbst m'r Blut;
Bist m'r gram,
Gibbst m'r Schlaam (Schlamm).

25.

Die Farben des Schatzes.

Blau, blau ist mein Vergnügen,
Blau, blau ist meine Lust.

Darum lieb ich, was blau ist,
Weil mein Schatz ein Reiter ist.

Gelb, gelb ist mein Vergnügen,
Gelb, gelb ist meine Lust.
Darum lieb ich, was gelb ist,
Weil mein Schatz ein Postmann ist.

Und so wird das Liedchen weitergesungen auf schwarz
(Pfarrer), roth (Soldat), grün (Jäger), braun (Gerber),
weiß (Müller).

26.
Jungen und Mädchen.

1 2 3 4 5 6 7
Helf mir meinen Schiebbock schiebn.
Wo denn hin?
Nach Berlin,
Wo die schönsten Mädchen blühn.
Mädchen werden zu Tanz geführt
Gunge werden in Dreck geschmiert;
Mädchen tragen Myrthenkränze,
Gunge tragen Rattenschwänze;
Mädchen kommen in's Himmelreich,
Gunge kommen in tiefen Teich.

27.

Auf einzelne Namen.

Edewardl,
Gih in's Gartl,
Pfluck e Blieml,
Gebbs 'n Mihml.

Öſtl. Erzg.

28.

Emil, Zweemil, Leff'lſtiel,
Deine Kinn'r fräſſ'n viel,
Alle Tog e Groſch'nbrud —
Is das net e wahre Ruth?

ober:

— námm ne Prieg'l un ſchlog ſe tudt!

29.

Emma,
Zieh 's Hemm (Hembe) a;
Zieh 's net a,
's is Dräck bra!

30.

Oswald,
De Kich is kalt,
De Säg is worm,
Daß Gott erborm!

31.

Alwin·l,
Zutterin·l,
Pumeránz·l,
Sauschwánz·l.

32.

Anna is e schöner Name
Anna mecht ich háß·n,
Anna mußt dich traue laff·n
Mit·n Stallbáf·n.

33.

Das hungernde Kind.

Liebe Mutter, es hungert mich;
Gerne essen möchte ich.
Warte nur, mein liebes Kind,
Bis das Korn gesäet ist.

Als das Korn gesäet war,
Sprach das Kindlein abermal:
Liebe Mutter, es hungert mich,
Gerne essen möchte ich.
Warte nur, mein liebes Kind,
Bis das Korn geschnitten ist.

Als das Korn geschnitten war,
Sprach das Kindlein abermal:
Liebe Mutter, es hungert mich;
Gerne essen möchte ich.
Warte nur, mein liebes Kind,
Bis das Korn gedroschen ist.

Als das Korn gedroschen war,
Sprach das Kindlein abermal:
Liebe Mutter, es hungert mich;
Gerne essen möchte ich.
Warte nur, mein liebes Kind,
Bis das Mehl gemahlen ist.

Als das Mehl gemahlen war,
Sprach das Kindlein abermal:
Liebe Mutter, es hungert mich,
Gerne essen möchte ich.
Warte uur, mein liebes Kind,
Bis das Brod gebacken ist.

Als das Brod gebacken war,
Lag das Kind schon auf der Bahr.

Dieses Lied pflegt mehr gesprochen, als gesungen zu
werden. Die Kinder dehnen es beliebig lange aus, indem
sie außer diesen Hauptmomenten noch andere Zwischen-
stufen vor dem Backen des Brodes erwähnen, das Keimen,
Reifen des Korns u. s. w.

34.

Das letzte das beste.

's war emol a Mädl gewast,
Die hot en schlimm' Fuß,
Do steckt ich ihr a Nadl non,
Do ging's drmit in Busch;
Dr Busch gob 'r Reiß'ch,
's Reiß'ch gob s'n Ufn,
Dr Ufn gob 'r Osch',
De Osch' gobs'n Gortn,
Dr Gortn gob'r Gros,
's Gros gobs' dr Kuh,
De Kuh gob 'r Milch,
De Milch gob s'n Boschl (Schweinchen),
's Boschl gob'r Borschtn,
De Borschtn gob s'n Schustr
Dr Schustr gob 'r Schuh,
De Schuh gob 'ch dr Braut,
De Braut gob mr a Kranzl,
's Kranzl gob 'ch 'n Hihnl,
's Hihnl gob mr a Gackl,
's Gackl gob 'ch men Votr,
Mei Votr gob mr a Stickl Brud,
Dos Brud aff ich salbr.

Östl. Erzg.

35.
Die böse Pathe.

Schucke schucke Tenne,
Der Fuchs der fraß bie Henne,
Da gab er mir 'n Magen,
Daß ich 's nich sollte sagen.
Da saget ich's,
Da schlug 'r mich,
Da gab 'r mir e Buttrbemml,
Daß ich wieder stille schwieg. *)
Da ging ich zu meiner Frau Pathe;
Die eine hieß mich mit essen,
Die andre hat's gar vergessen,
Die britte nahm ben Suppentopp
Und haute mir 'n an mein' bicken Kopp.**)
Eiuck, eiuck, mei bickr Kopp,
's is mr nur um ben Suppentopp.

Östl. Erzg.

36.
Friedrich August und Napoleon.

Heit is wieder Sonntag,
    Sprach Friedrich August;

---

*) Vergl. S. 220, wie überhaupt manches aus den Klöppelliedern ursprünglich hierher gehörte.
**) Vergl. S. 229.

Ginne m'r wied'r ze Branntewein,
    Sprach Napolium.

Wenn de nier á Gálb haft,
    Sprach Friedrich August;
Ich hab ja noch einen Rock,
    Sprach Napolium.

Wenn de nier á nei bárfst,
    Sprach Friedrich August;
Schlag'n m'r 'ne (ihnen) de Fánst'r nei,
    Sprach Napolium.

Dárfst de net in Himm'l nei,
    Sprach Friedrich August;
Reit'n m'r mit'n Schimm'l 'nei,
    Sprach Napolium.

———

Räthsel.

1.

Zwischen Gey'r un Thum
Do liegt e gále Blum;
Un wár die gále Blum will hobn,
Dár muß Gey'r un Thum zerschlong.

                  (Das Ei.)

2.

Auf unfrer Wiefe läuft etwas herum,
Es hat ein weißes Röcklein an,
Es läuft in die Sümpfe,
Hat auch rothe Strümpfe.

(Der Storch.)

3.

Es kam ein Mann von Hüpfen=Tüpfen,
Er hatt' ein Kleid von taufend Stücken
Und einen rothen Scharlachbart;
Rathe 'mal, wer ift denn das?

(Der Hahn.)

Spiele.

1.

Den Schatz fuchen.

Die Kinder, bis auf eins, das außen ftehen bleibt,
bilden einen Kreis.

Was fteht denn draußen vor der Thür
Und thut fo leis anklopfen?

Das außen Stehende antwortet:
Ich bin der Fürft und ftehe hier
Und habe was zu fuchen;
Ich hab verloren meinen Schatz
Auf diefem Platz, auf diefem Platz,
Macht auf, macht auf den Garten!

Das Kind wird eingelassen, die übrigen singen:
Seht an, seht an! der wird's wohl sein,
Der deiner Gunst begehret.
Nun aber nur nicht auf den Schein,
Mich etwa zu vexiren!
Hier hast du meine rechte Hand
Und, unter so viel Zeugen,
Auch einen Kuß zum Unterpfand,
Auf daß du bleibst mein eigen.

Es bilden sich Paare, tanzen und singen dabei:
(Am) Vogelherd bin ich,
Stieglitzen fing ich,
Nahm sie alle beim Krälle (Krällchen),
Warf sie alle auf den Vogelherd.

2.
Der stolze Schäfer.

Die Kinder schließen einen Kreis, zwei stehen inner=
halb und singen die Worte des Schäfers und Edelmanns;
das übrige und die Wiederholungen singt der Chor und
bewegt sich dabei immer im Kreise.

Es trieb ein Schäfer seine Lämmer aus,
Er trieb sie vor des Edelmanns Haus —
Zitterallalalala, zitterallalalala —
Er trieb sie vor des Edelmanns Haus.*)

---

*) Versfüllung und Wiederholung (Zeile 3 und 4)
immer so.

Der Edelmann der schaute zum Fenster heraus
Und bot einen schön' guten Morgen heraus.

Guten Morgen, du schöner Schäferssohn,
Du gehst in Sammt und Seide schon.

Was geht das dich lumpigen Edelmann an,
Wenn's nur mein Vater bezahlen kann.

Das thut den Edelmann gar sehr verdrießen,
Er will ihn auf der Stell' erschießen.

Ach Edelmann, ich bitt Euch um mein Leben,
Ich will Euch hundert Thaler geben.

Deine hundert Thaler die mag ich nicht,
Und du mußt sterben, wie mir's gebricht.

Ach Edelmann, ich bitt Euch um mein Leben,
Ich will Euch hundert Schafe geben.

Deine hundert Schafe die mag ich nicht,
Und du mußt sterben, wie mir's gebricht.

Ach Edelmann, ich bitt Euch um mein Leben,
Ich will Euch meine ganze Herde geben.

Deine ganze Herde die mag ich nicht,
Und du mußt sterben, wie mir's gebricht. ·

Ach Edelmann, ich bitt Euch um mein Leben,
Ich will Euch meine Tochter geben.

Und deine Tochter die mag ich nicht,
Sie hat ein altes Zigeunergesicht.

Unter dem „Puff" des Edelmanns fällt der Schäfer
zu Boden.

3.
Der kleine Don Juan.
Edles Schätzchen, kehre wieder,
Fall zu meinen Füßen nieder!
Edle Buß' und wahre Reu',
Ach wie schrei(?) bleib mir getreu!
Steh nur auf von diesem Platz,
Du bist doch mein tausender Schatz.
Ei so geh nur fort von mir,
Ich begehre dich nicht mehr.
Und in einem Augenblick
Kam mein Schatz und küßte mich.

Die Kinder schließen einen Kreis, tanzen und singen;
Zwei in der Mitte spielen den Worten des Liedchens
gemäß; bei Z. 7 u. 8 reiht sich das eine unter die Tanzenden
ein und bei Z. 9 u. 10 tritt ein anderes dafür in
die Mitte, u. s. f.

7

4.

Es regnet auf der Brücke,
Und es war naß:
Ich habe was vergessen
Und weiß nicht, was?
Mein schenstr Schatz, komm rein zu mir,
Es sein gar schene Leit' bei mir!
Ja, ja freilich,
Wo ich bin, da bleib ich;
Abje, mein Schatz,
Gib mir en Schmatz
Aufs Maul, daß' klatscht.

Östl. Erzg.

5.

Bauer, Bauer, Keſſ'l,
Schiene ruthe Neſſ'l.
Wer sitzt drinne?
De schiene Katherine.
Was macht se?
Schleißt Fed'rn,
Schütt' e paar Kanne Waſſ'r nei,
Fällt der ganze Bauer=Keſſ'l ei.

Die Kinder, die im Kreis getanzt haben, fallen um
und über einander weg.

6.

Die Königstochter.

Flink, flank, floria,
Es ist des Königs Tochter da,
Doch ist sie nicht zu sehen;
's ist eine feste Mauer drum.
Die Mauer wollen wir zerstechen,
Den Stab müssen wir zerbrechen,
Und eine Hand fällt ab.

Östl. Erzg.

Einem Mädchen in der Mitte des Kreises wird das Kleidchen über den Kopf gezogen und dieses von den Mitspielenden mit beiden Händen gefaßt. Ein anderes Kind geht um die übrigen herum und schlägt am Schlusse des Liedchens auf eine der Hände, die jetzt das Kleid losläßt. So geht es fort, bis alle losgelassen haben.

Im westlichen Erzgebirge singt man das Liedchen meist so:

Kling, klang, kloriang,
Wer sitzt in diesem Koriang?
Eine schöne Königstochter.
Was ißt sie gern,
Was trinkt sie gern?
Zucker und süße Mandelkern.
Eine Hand fällt ab.

7*

7.

Ringelreihen.

Ringel, Ringel, Rosenkranz,
Wir treten auf die Kette,
Daß die Kette klingen thut,
So klar, wie ein Haar,
Hat gedauert sieben Jahr.
Sieben Jahr sind bald herum,
Dreht sich Jungfer Anna um.

Das bezeichnete Kind tanzt nun in gekehrter Stellung mit den andern weiter.

Anna hat sich umgedreht,
Der Liebste hat einen Kranz beschert
Mit lauter Gold und Silber.

8.

Was der Bauer macht.

Die Kinder fassen sich an den Händen und bewegen sich langsam im Kreis. Bei: „Seht so" lassen sie mit den Händen los und ahmen die genannte Thätigkeit nach; dann fassen sie wieder an u. s. f. bis zum Schluß.

Wollt ihr wissen, wie der Bauer, :,:
Sein' Hafer aussät?
Seht so, seht so, so sät der Bauer
Sein' Hafer wohl aus.

Wollt ihr wiffen, wie der Bauer, :,:
    Bei der Arbeit ausruht?
Seht so, seht so, so u. s. w.

Wollt ihr wiffen, wie der Bauer
    Sein' Hafer abmäht? u. s. w.

Wollt ihr wiffen, wie der Bauer
    In's Wirthshaus eingeht?

Wollt ihr wiffen, wie der Bauer
    Sein Schnäpschen austrinkt?

Wollt ihr wiffen, wie der Bauer
    Sein Schnäpschen bezahlt?

Wollt ihr wiffen, wie der Bauer
    Sein Getreide einfährt?

Wollt ihr wiffen, wie der Bauer
    Sein Erntefest hält?

Hier bilden sich Paare und tanzen.

9.
Der finstere Mann.

Die Kinder tanzen im Kreis; eins in der Mitte ver-
deckt sich das Gesicht.

In Käll'r is finst'r.
Sell's in Käll'r net finst'r sei?

Scheint wed'r Sunn noch Mond hinei.
In Käll'r is finst'r.

Jetzt bleiben sie stehen; der finstere Mann tastet nach einem in dem Kreise, streicht ihm am Leib auf und ab und spricht dabei:

Wán (wen) birscht ich, birscht ich, birscht ich dee?
Laß mal deine Stimme heern!

Der Gefragte giebt einen Laut von sich; vermag ihn der finstere Mann daran zu erkennen, so wechseln sie die Plätze.

10.
Großmutter und die Kinder.

Die Großmutter sitzt da; die Kinder fragen:
          Wos machst de dee, Grußemutter?

Großm.   'n Grußvater sei Hemm flicken.

Die Kinder. Kenne m'r e biss'l in Gart'n gih?

Großm.   Erscht acht Pfund spuln!*)

Kinder.   Rrrrr . . .

Großm.   Paßt nier uff de Hihn'r auf,
           Vergäßt m'r nier ne Schliss'l net!

Kind.   Grußemutter, 's lett (läutet).

Großm.   F'r wán dee?

Kind.   F'r'n Grußvater.

---

*) Dieses eine meist den Kindern zufallende Vorarbeit in der Industrie des oberen Erzgebirges.

Großm.   Wár hot'n dee d'rschlong?

Kind.   Mir alle zamm (zusammen).

Großm.   Miss'n m'r se fange.

Die Kinder reißen aus; welches die Großmutter er=
eilt, das nimmt ihre Stelle ein.

11.
Die Gänschen.

Eins der Kinder sagt:

Gensle, Gensle, kummt ehámm;

Antwort:

Dárf'n noch net.

F'r wán (vor wem)?

F'rn Fuchs.

Wu steckt er?

Hintern Busch.

Wos frißt er?

Grins Gros.

Wos seift er?

Kalts Wassr.

Gensle, Gensle, kummt chámm.

12.
Der Wackelmuth,

als eine Art Gespenst, das die Kinder fangen muß, wird
mit folgendem Verschen geneckt:

Wackelmuth,

Dei Frá is tudt;

Hettst be 'r wos ze fräss'n gäbn,
Thet ze heit un morng noch läbn.

13.

Amon.

Amon kam und wollte sich erquicken,
Aber dieses ließ sich nicht schicken.
Er ging wieder auf und nieder,
Bis er seine Rosa fand.
Kniee nieder, vor mir nieder,
Kleine holde Schäferin!
Reich mir dein Händchen, mir zum Pfändchen,
Ich will dir geben einen Kuß,
Weil ich, weil ich von dir scheiden muß.

Zwei Kinder in der Mitte eines Kreises spielen die beiden Rollen; die andern tanzen und singen.

14.

Kätzchen.

Die Kinder schließen einen Kreis; eins steht innen, eins außerhalb. Das außen sagt:

Kätzchen, Kätzchen, komm heraus!
Kätzch.: Ich komm doch nicht raus.
Kind: Kratz' ich dir die Augen aus.

Nun jagen sie sich zwischen dem innern und äußern Raum hin und her, bis das Kätzchen erwischt wird.

15.
Fangen.

Der Haschende wird von den andern geneckt, indem sie niederkauern und sprechen:

Do lauer ich, do lauer ich,
Do flick ich meine Schuh;
Wenn se wieder zerrissen sei,
Flick ich se wieder zu.

16.
Der Herr ist nicht zu Hause.

Sause —
Der Herr ist nicht zu Hause,
Er ist auf einem Schmause,
Und wenn er wird zu Hause komm',
Wird er schon geklingelt komm.

Die Kinder sitzen auf Stühlen und singen das Lied-chen; eins (der Herr) geht mit einem Stock herum und bezeichnet eins nach dem andern, das ihm dann folgen muß. Sind alle Stühle leer, giebt der Herr ein Zeichen, alle eilen nach den Stühlen; wer keinen bekommt, ist jetzt Herr.

17.
Der Handwerksbursche.

Es kommt ein lustger Handwerksbursch
Mit Sack und Pack;

Der Sack ist leer.
Zeig mal deine Künste her!

Jetzt wird ihm etwas vorgemacht, das er nachahmen muß: Bewegung des Sägens, des Hämmerns u. s. w. Darauf kommen zwei Handwerksburschen u. s. f.

18.
Der Mann aus Niniveh.

Die Kinder stehen Hand in Hand in einer Reihe, eins (der Mann aus Niniveh) ihnen gegenüber. Der Mann aus Niniveh bewegt sich tanzartig gegen die Kinder und wieder zurück, indem er singt:

Es kommt ein Mann aus Niniveh,
Kaiser vivat lazerus.

Die Kinder unter gleicher Bewegung gegen den Mann

Was will der Mann aus Niniveh?
Kaiser vivat lazerus.

Er will die schönste Tochter haben,
Kaiser u. s. w.

Was soll das für eine Tochter sein?

Es soll die Tochter Anna sein.

Was will er mit der Tochter machen?

Er will ihr einen Mann verschaffen.

Was soll das für ein Mann sein?

Es soll der (es wird ein Knabe bezeichnet,
den das Mädchen gern hat) sein.

Das oben genannte Mädchen tritt nun auf die
andere Seite hinüber und das Spiel geht fort:

Es kommen zwei Männer aus Niniveh
u. s. w.

19.
Der Kirmesbauer.

Die Kinder schließen einen Kreis; bewegen sich und
singen dabei. Eins steht in der Mitte.

Es fuhr ein Bauer in's Holz,
Es fuhr ein Bauer in's Holz,
Es fuhr ein Bauer in's Kirmesholz,
Si sa Kirmesholz,
Es fuhr ein Bauer in's Holz.

Der Bauer baut sich ein Haus u. s. w.

Nimmt sich einen Stuhl.

Er setzte sich darauf u. s. w.

Der Bauer nahm sich ein Weib.

Wählt eines, das sich ihm auf den Schooß setzt.

Das Weib nahm sich ein Kind.

Das erstgewählte wählt ein zweites und nimmt es auf den Schooß.

Das Kind nahm sich eine Magd.

Die Magd nahm sich einen Knecht.

Der Knecht schied von der Magd.

Das letztgewählte tritt in den Kreis zurück.

Die Magd schied von dem Kind —

u. s. w.

Zwischen Vers 7 und 8 werden oft zahlreiche andere Glieder eingeschoben.

Auszählverse.

1.

Eins, zwei, drei,
Ziegelbrennerei,
Ziegelbrennercompanie,
Ziegelbrennerei.
Warum bist du fortgelaufen,
Bist schon wieder da?
Darum mußt du Strafe leiden
24 Jahr'.

2.

Eins zwei drei,
Bicke backe hei,
Bicke backe ohne Brot,
Sieben Kinder hungern thut,
Zwei gebratne Fisch
Liegen unterm Tisch,
Kam das Kätzchen, wollte naschen,
Kam der kleine Weber, Weber,
Schlug das Kätzchen auf das Leder,
Schrie das Kätzchen: Miau!
O du liebe junge Frau!
Hörte ich die Glocke klingen,
Mußt ich in die Schule springen,
Kam ich nicht zur rechten Zeit,
Lag der Bakel schon bereit.
Eck speck, dreck,
Ich oder du mußt weg.

3.

Eins zweie doch,
Der Peter fiel in's Loch.
Solln's ere denn nich dreizehn sein?
Dreizehn*) sind's ere doch.

_____

*) Nämlich Hebungen.

4.

Áns, zwee, bo,
Fimmerle fämmerle fo,
Fimmerle, fämmerle fimmerle fämm,
Fimmerle fämmerle fo,
Ob ich gleich nicht zählen kann,
Zwanzig stehn ere bo.

5.

Eins, zwei, drei,
Hinter einer Schei (Scheune)
Ward ein kleines Kind geboren.
Wie soll 's heißen?
Anna Marie Rumpelkasten.
Wer soll denn die Lumpen waschen?
Ich ober bu?
Das warst bu.

6.

1 2 Polizei,
3 4 Offizier,
5 6 alte Her,
7 8 gute Nacht,
9 10 Wiedersehn,
11 12 alte Wölf,
13 14 Buckstirz'n (Kopfsprünge),

15 16 alte Hexen,
17 18 wieder wachsen,
19 20 verbrannter Händschig (Handschuh).

7.

Eins, zwei, drei,
Binkel, bankel nei,
Binkel, bankel Ufenloch,
Du bist Konstantinupeloch.

8.

Eins, zwei, drei, vier,
Unter dem Klavier
Steckt eine Maus,
Die muß heraus.

9.

Eins, zwei . . . . . sieben,
König Albert hat geschrieben
Einen Brief
Nach Paris;
Sollen drei Pistolen schicken,
Eins für mich,
Eins für dich,
Eins für Bruder Heinerich.

10.

Eins, zwei . . . . . siebn,
Laß mir meine Miene gehn;
Sie kann stricken, sie kann nähn,
Sie kann auch zu Tanze gehn.
Nicht wahr, Papa, das ist schön,
Wenn man kann zu Tanze gehn?

11.

Eins, zwei . . . . . sieben,
Wo ist denn mein Schatz geblieben?
In Berlin, in Berlin,
Auf der Straße Numero 7.

12.

Eins, zwei . . . . . acht,
Gehe in den Schacht,
Hole Holz,
Und du bist zu stolz.

13.

Eins, zwei . . . . zwölf,
Hinter einem Gewölb
Steckt eine Maus;
Wer die fängt,
Der ist naus.

14.

Eins, zwei .... dreiz'n,
Wer kauft Weiz'n,
Wer kauft Korn,
Der muß zur Madam Schnorrn.

15.

Elle welle wáz'n,
Wer beckt Bráz'n,
Wer beckt Kuch'n,
Der muß such'n.

16.

Á Dáf'n,
Zwee Máf'n,
Drei Spitz'n,
Vier Mitz'n,
Fimf Gow'ln,
Sechs Schnow'ln,
Siebn Feiln,
Acht Meiln,
Nei Schárn,
Záh Bárn.

17.

Atte dátte bitte bátte
Siemte bicnte buhnte rátte.
Siemte biente puff.

18.

Agcläfl,
Summrgcläfl,
Aß, dáß, wáß.

19.

Mein Vater ließ einmal ein Rad beschlagen;
Retteretterie,
Wie viel er Nägel dazu brauchte.

Hier werden dem nächsten Kind die Augen zugehalten,
es nennt eine beliebige Zahl, und diese wird abgezählt.

20.

Mein Vater hatte einen Garten,
In dem Garten war ein Baum,
In dem Baum da war ein Ast,
In dem Ast da war ein Nest,
In dem Nest da war ein Ei,
In dem Ei da war eine Dotter,
In der Dotter war eine Laus;
Kleiner Pew'l, du bist naus.

21.

Es war einmal ein Mann
Der hatte einen Schwamm;
Der Schwamm war ihm zu naß,
Da ging er auf die Gass';

Die Gass' war ihm zu kalt,
Da ging er in den Wald;
Der Wald war ihm zu grün,
Da ging er nach Berlin;
Berlin war ihm zu groß,
Da . . . . er in die Hos'.

22.

Es flog eine weiße Taube über ein Haus,
Da kam Feuer heraus.
Wo ist das Feuer?
Das Wasser hat's gelöscht.
Wo ist das Wasser?
Der Ochs hat's gesoffen.
Wo ist der Ochs?
Der Fleischer hat ihn gestochen.
Wo ist der Fleischer?
Er sitzt auf dem Thurm, bläst dreimal: tututut —
Der Ochs is tudt, tudt, tudt.

23

Eine Wand, die andre Wand,
Kam der Nickel vom Boden gerannt,
Rennt er nei in's Hühnerhaus,
Leckt ein' Topf voll Honig aus,

Löffel ließ er stecken,
Wollt wieder lecken,
Kommt die alte Hühnerfrau,
Zählt sie ihre Hühner aus —
Korbhahschwanz (?).
Wán soll ich schlacht'n,
Miech ob'r diech?
Die alte fette Zieg'.

24.

Hinter Heinrichs Holzhaushaufen
Hingen hundert Hasen haußen,
Hundert Hasen hingen haußen
Hinter Heinrichs Holzhaushaufen.

25.

Gruße Hárrn
Aff'n gárn
Worscht in d'r Brih,
De Arbepp'ln grie.

26.

Auf dem Berge Sinai
Guckt der Schneider Kickeriki,
Guckt er mit der Brille raus —
Pummerle, Pummerle, du bist naus.

27.

Holz in der Kich',
Wasser in Haus —
Dárf*) de schiene
Mad net*) naus.

28.

Marie, Katzenbrih —
Schweinebrot'n, Sellerie.

29.

Ich un du un noch e paar
Un der Gevatt'r Seid'l
Hamm zerrißne Hus'n a
Un kå Gåld in Beit'l.

30.

Ich un du,
Müll'rsch Kuh;
Beck'rsch Es'l
Der bist du.

---

*) Dárf net, hier, wie oft im erzgeb. Dialekt, in
der Bedeutung: braucht nicht, hat nicht nöthig.

Anhang.

Zählreime der Klöpplerinnen.

„Zählgeschichten.‟

Diese werden benutzt, um den Fleiß der Arbeitenden anzuspornen, indem nach den Taktverhältnissen der Verse die Nadeln gesteckt werden.

1.*)

Ihr Tocht'r, geht ze Rocken,**)
Macht mir 20 Ehln Borten,
Im zwelfe wied'r chámm!
Hat 1 geschlagen,
Hat 2 geschlagen,
Hat 3 geschlagen,
.   .   .   .
.   .   .   .
Hat 12 geschlagen.
Hollah, wer ist denn da?
Meine fleißigen Techt'r sind da.
Habn se auch de Zahl gemacht,

---

*) Vgl. Nr. 9 mit Nr. 1.

**) Dieser Ausdruck wird noch allgemein gebraucht, wenn Frauen oder Mädchen mit der Arbeit zu Besuch gehen, obwohl das Spinnen nicht mehr geübt wird. —

Auch e bissel drüber gebracht?
Sagt an, wie viel?

Nun nennt jede die Zahl Nadeln, die sie unterdessen
gesteckt hat. Darauf wird rückwärts gezählt:

Hat 12 geschlagen,
Hat 11 geschlagen u. s. w.

2.

Guguk war ein Freiersmann,
Er schafft sich dreißig Weiber an:
De 1. kehret*) aus,
De 2. trug's naus,
De 3. heizet*) ei,
De 4. setzet*) nei,
De 5. schenket Bier un Wei,
De 6. strich be Thal'r ei,
De 7. schitt·lt auf das Struh,
De 8. wirft be Bett·n zu,
De 9. die bett' weich un warm,
De 10. schlegt 'n Guguk zamm,
De 11. war lang,
De 12. führet Herrengang,

---

*) Die gewöhnliche Form der Vergangenheit endet
auf — et, aus — etc.

De 13. hatt e paar neie Schuh,

De 14. hatt be Zwäck'n b'rzu,

De 15. schlug se nei,

De 16. saht: 's is gar sei,

De 17. hatt e Kalb un Kuh,

De 18. hatt en Stall b'rzu,

De 19. war e saule Lusch,

De 20. wor (wurde) brav ausgebuscht,

De 21. kochet Flaume (Pflaumen),

De 22. lecket ne Daume,

De 23. kochet Fläsch,

De 24. saht: 's is häß,

De 25. kochet Kließ (Klöße),

De 26. kriechet be Stieß,

De 27. buck Kung (Kuchen),

De 28. that se huln,

De 29. kochet Kraut,

De 30. war de Braut.

3.

Do bribn un bo drauß'n,

Do giht's esu zu,

Do tanz'n be Bauern,

Do klapp'rn be Schuh,

Do pfeist be Maus,

Do tanzt be Laus,

Do huppt d'r Flug(k)
Zun Fänst'r naus,
Huppt er sich e Bän'l raus,
Do mach ich mir e Pfeif'l draus,
Do pfeif ich alle Morng,
Heern's de gunge Storng,
Do pfeif ich alle Mitting,
Heern's de gunge Stitting (?),
Do pfeif ich alle Omd,
Heern's alle Robn,*)
Gibt de Mihl klipp klapp,
O du alt'r Pfäff'rsack.

4.

Ich ging emol in Wald,
Begengt mir mei Vett'r.
Saht ich: Wu giste (gehst du) hie?
Naus in Wald noch Reisig.
Wos machste mit 'n Reisig?
Feierle aschiern.
Wos machste mit'n Feierle?
Mäss'r schleif'n.
Wos machste mit'n Mäss'r?
Mein'r Henn ne Kopp wäg(k) schneid'n.

---

*) Vgl. S. 222.

Worim schneidste bee dein'r Henn ne Kopp wäg(f)?
Se hot de Eier verlegt in's Nachb'rhaus.

5.

Iw'r'sch Land fuhr ich,
E arm'r Ma wur ich,
Wie ich wied'r zerickkam,
War ich wied'r e reich'r Ma.
Alle Leit wollt'n wiss'n,
Wie mei Pfär hieß.
Tripp trapp hieß mei Rapp.

Iw'r'sch Land fuhr ich,
E arm'r Ma wur ich.
Wie ich wieder zerick kam,
War ich wied'r e reich'r Ma.
Alle Leit wollt'n wiss'n,
Wie mei Kuh hieß.
Stuß zu hieß mei Kuh.

Iw'r'sch Land fuhr ich

. . . .

. . . . .

Alle Leit wollt'n wiss'n,
Wie mei Kalb hieß.
Rauchhals hieß mei Kalb.

Genäsches Viech hieß mei Zieg.

Troll'r enoch hieß mei Schof.

Treib ei hieß mei Schwei.

Langhals hieß mei Gans.

Schnab'r in Sand hieß mei Ent.

Kikeriki hieß mei Hah.

Leg in de Tenn hieß mei Henn.

Laubau hieß mei Taub.

Goldner Leib hieß mei Weib.

Goldner Ring hieß mei Kind.

Golden gerächt hieß mei Knächt.

Frih un spat hieß mei Mäd.

6.

Jhr 12 Gens', wu wellt 'r hie?
Bauernhaf'r fräss'n gih.
Bauernhaf'r därft 'r net,
Do is e Hund, bär lebt ich (leibet euch) net,
Wenn er kimmt, su beißt 'r eich
Nei in eier Bä gleich.

Jhr elf Gens', wu wellt 'r hie?
Bauernhaf'r fräss'n gih.
Bauernhaf'r u. s. w. u. s. w.

7.

Ginge 12 Zieng iw·r'ſch Land;
Lag e alt·r Wolf an Rand,
Saht der Wolf: Wu gitt (geht) ·r hie?
Naus in Wald noch Wint·rgrie,
Noch en Kärw·l (Körbchen) Läb,
Noch en Säck·l Dräk (Dreck),
Noch en Krieg·l Millich,
Bleibn m·r 12 Pfeng ſchillig (ſchuldig).

Ginge 11 Zieng iw·r'ſch Land

·   ·   ·   ·   ·   ·   ·   ·

Bleibn m·r 11 Pfeng ſchillig.

Ginge 10 Zieng iw·rſch Land u. ſ. w. u. ſ. w.

8.

Dibel dibel denne,
Der Fuchs fraß die Henne,
Gob ·r mir ne Mong (Magen)
Daß ich ſellt niſcht ſong;
Saht ich's, ſchlug ·r mich, heilet (heulte) ich,
Gob ·r mir en Butt·rſiez,
Daß ich wieb·r ſtille ſchwieg.*)

———————

*) Vgl. S. 188.

Setz ich mich in mei Stille (Stühlchen),
Flick ich meine drei Paar weiß'n Schille (Schuhchen),
Kam's Gevatt'r Kätz'l,
Bot (bat) mich im e Lätz'l,
'ch saht, ich hett käns,
Kam's de Nacht un stahl m'r äns;
Kam's Gevatt'r Hind'l,
Bot mich im e Limp'l (kl. Lumpen),
'ch saht, ich hett käns,
Kam's de Nacht un stahl m'r äns;
Kam's Gevatt'r Kant'rkäth'l (?),
Bot mich im e Schuhbräht'l,
'ch saht, ich hett käns,
Kam's de Nacht un stahl m'r äns.
's Kätz'l zun Fenster naus,
's Hind'l zun d'r Stubnthir naus,
Kant'rkäth'l zun Rächloch naus;
Kätz'l uff'n Flaumebäm,
Hind'l uff'n Epp'lbäm,
's Kant'rkäth'l uff'n Spiezbart'nbäm*);
Finge se alle dreie a ze singe,
Finge de drei Bäm a ze brinne,
Hupp'n se runt'r, bräch'n sich e Bän'l aus,
Mach'n sich e Pfeif'l draus;

*) Spitzbarten sind eine Zwetschgenart.

Pfeif ich alle Morng,
Heern's alle Storng,
Pfeif ich alle Mitting,
Heern's alle Stitting,
Pfeif ich alle Obndst,
Heern's alle Robn,*)
Pfeif ich alle Nacht,
Bis m'r mei Mutt'r 's Bett'l macht;
Früh pfeif ich no (hinab) in' Nieb'rland,
Nieb'rland is wág(t)gebrannt
Bis auf drei Spitz'n,
Saß e alte Kuh uff'n Dach,
Die hot sich ball en Buck'l gelacht.
Zieh auf, Náw'l (Nebel),
Jw'r'sch Gráw'l.
Jw'r'sch Geloch'nhaus!
Guckn alle drei Popp'n ubn raus;
Die erste spann die Seide,
Die zweite klare Weide,
Die Dritte spann die Himmelsschnur,
Wu ich b'rmiet in Himm'l fuhr;
Als ich nauf kam,
Saß'n de drei Poth'n ze Tisch,
Hatt'n e Schüss'l gebratne Fisch,

---

*) Vgl. S. 217.

Ließ'n miech net miet áff'n,
De zweete hat's gar v'rgáff'n,
De dritte warf mir de Schiff'l un's Schálle an
Kopp,*)

An's linke Bán'l,
Flog ich b'rmit nach Licht'nstán'l.
Annemarie, kumm riw'r ze Rock'n,
Welln e weng(k) in Gart'n rimrock'ln (?),
Welln Zwiew'ln aushack'n,
Welln Krápple braus back'n,
Wenn mei Vat'r bun Zwicke hámmkimmt,
Daß 'r de Krápple in b'r Rehr (Röhre des Ofens)
brinne findt;

Se sollt m'r áns gábn,
Se war ze genau,
Se gob m'r de Brock'n,
Die de Hihn'r zammlock'n —
Zipp zipp, putt putt —
De Brock'n schmeck'n alle rácht gut;
D'r Fuchs ging in's Kraut,
De grinn (grünen) Blett'r froß'r raus,

----

*) Vgl. S. 188. 's Schálle (Schälchen) bezeichnet
die Untertasse, während die Obertasse 's Rápp'l ge=
nannt wird.

De gáln (gelben) luß (ließ) ·r lieng,
De Klipp·lmáb wollt ·r betrieng.*)

9.**)

Jhr Techt·r, gibt ze Rock·n,
Macht 11 Ehln Bort·n,
Jm Zwelfe wied·r ehámm.
Hat 1 geschlagen,
Hat 2 geschlagen
· · · · · ·

· · · · · ·

Hat 12 geschlagen.
Sunntigs Mantigs Brub·r,***)
Dienstig lieng m·r in Lub·r,
De Mittwoch is be Woch halb aus,
·n Darschtig sei káne Bort·n iu Haus,
·n Frettig gibt be Mutt·r aus,
n· Sunnobnd wied·r ei,
Kocht en gut·n Hierschbrei,
Drei Mann·l Eier nei,

---

*) Vgl. S. 225.
**) Vgl. Nr. 1.
***) Soll vielleicht heißen: Mantig Sunntigs
Brub·r (Montag Bruber des Sonntags), b. h. der
Montag wird ebenso wie der Sonntag in Unthätigkeit
verbracht, als „blauer Montag".

E halb Nieß'l (Mößel) Butt'r nei;
Wár rácht geklipp'lt hot,
Ka á b·rbei sci.
D·r Fuchs ging in's Kraut,
De grinn Blett'r froß 'r raus,
De gáln ließ'r lieng —
Ihr Klipp'lmáb, laßt eich net betrieng.*)
De Ehl is krump,
De Schár is stump,
Wenn Klipp'lmáb'n fáhlt noch e lang'r Strump.**)
Sogt a, wie viel?

Dies geschieht; darnach gedenkt die Sprecherin jeder
der Mädchen ein Geschenk als Belohnung ihres Fleißes zu:
Du krist (kriegst) en Rock,
Du krist en Hut,
Du krist e Tich·l u. s. w. u. s. w..

---

*) Vgl. S. 224.
**) D. h. ein langes Ende an ihrer „Bahl."